오스왈드 챔버스의 욥기

Baffled to Fight Better-Job and the problem of suffering

Oswald Chambers

Published by special arrangement with Discovery House Publishers,
3000 Kraft Avenue SE, Grand Rapids, Michigan 49512 USA.

2F, 71-1 Donggyo-ro. Mapogu, Seoul 04018, Korea

This Korean edition is published by arrangement with Discovery House Publishers
(3000 Kraft Avenue SE, Grand Rapids, Michigan 49512 USA.)

특별한 표기가 없는 모든 성경 구절은 개역개정성경을 인용한 것입니다.

더 나은 싸움을 위한 좌절

오스왈드 챔버스의 욥기

오스왈드 챔버스 지음 | 스데반 황 옮김

토기장이

미국 디스커버리하우스 출판사Discovery House Publishers 서문

세계적인 베스트셀러 「주님은 나의 최고봉」의 저자 오스왈드 챔버스는 이 책을 통해 수세기 동안 인류를 괴롭혀 온 문제, 즉 "왜 의인이 고난을 당하는가?"에 대한 본질적인 해답을 전하고 있다. 오늘날 고통의 문제보다 더 실제적인 문제는 없다. 그런데 그 답은 세상 어디에서도 찾을 수 없을 뿐더러 세상이 주는 그 어떤 위로도 도움을 줄 수 없다.

여기서 챔버스는 우리의 '궁극적인' 피난처이자 '유일한' 피난처는 하나님이라고 선포한다. 그는 예리한 통찰력으로 인류의 모든 가치가 파괴될 때, 우리가 붙들고 있는 자기만족이나 낙관주의는 아무 소용이 없을 것이라고 말한다. 또한 우리는 모든 것을 완전히 잃게 될 때에야 비로소 하나님밖에 의지할 곳이 없음을 인정하게 된다고 말한다.

챔버스는 이 책에서 욥기를 신학적으로 분석하거나 그럴듯한 교리를 만들어 가르치지 않는다. 그는 '사탄의 도전'에서부터 '욥의 회복'까지 시간의 흐름을 따라 전개해 나간다. 그러면서 욥이 절망 가운데 지킨 그 한 소망이 무엇인지를 발견한다. 욥은 벼랑 끝에서 하나님만으로 족하다고 고백한다.

"욥은 이 고난의 때에 처음으로 하나님을 유일한 피난처로 바라보았다. 우리는 구속이나 용서에 대해 간절히 사모하게 되기 전까지는 그것에 대해 아무것도 알 수 없다."

우리는 「오스왈드 챔버스의 욥기」를 출간하면서 이 책을 통해 아픔과 고난 가운데 있는 수많은 그리스도인들에게 소망과 위로가 전해지기를 바랐다. 부디 인생 가운데 불의하게 보이는 수많은 사건들을 겪으며 우리가 더 나은 싸움을 배워가기를 바란다.

1917년 초판 서문(1)

이 책은 남편 챔버스가 1917년 봄에 이집트 자이툰에서 그가 섬기던 군인들에게 전한 메시지를 기록한 것이다. 나는 이 책이 '예수 그리스도를 향한 인격적이며 열정적인 헌신'을 불러일으키는데 사용되기를 바란다. 예수님은 언제나 남편의 삶의 기준이 되어 주셨다. 그가 생전에 늘 고백했던 "그리스도 안에서 그분의 길을 따르라"는 말은 지금까지 나를 격려해 주고 있다.

챔버스는 자신의 힘으로는
아무것도 하지 않으려고 스스로 싸워 나갔다.
자신만의 시각과 행동에는
늘 어두운 그림자가 덮여 있다는 것을 알았기 때문이다.
그는 우리 주, 그분의 이름 없이는 거의 아무 말도 하지 않았다.
그는 그분 없이는 살 수도, 그분을 잊을 수도 없는 사람이었다.

1917년 이집트에서
비디 챔버스(Biddy Chambers)

1917년 초판 서문(2)

이 책의 서문을 쓰게 되어 진실로 기쁘다.

오스왈드 챔버스는 뛰어난 학자이자 열정이 타오르는 전도자와 교사로서 믿음과 진리를 전한 사람이다. 그는 성령으로 충만했고 수많은 사람들을 주께로 인도했다. 아마도 독자들은 이 세상을 떠난 그를 기억하면서 때론 눈물을 훔치며 이 책을 읽게 될 것이다. 나는 이 글을 읽는 모든 그리스도인이 유익을 얻게 되리라 확신한다. 그가 설파하는 모든 메시지가 하나님의 음성으로 전해지기를 바란다.

챔버스처럼 온전히 구별된 삶을 살 수 있다면 얼마나 좋을까. 우리가 예수 안에서 잠을 자든, 주께서 다시 오실 때까지 남아 있든, 주님께 철저히 충성하기를 바란다!

딘스데일 T. 영(Dinsdale T. Young)

1924년 3판 서문

남편 오스왈드 챔버스의 '욥기 강해'는 이집트의 자이툰 YMCA 막사에서 진행되었다. 물론 처음부터 출판을 고려해서 시작한 강해는 아니었다. 이 책은 그 당시에 내가 속기로 기록한 내용을 모은 것이다.

1917년 11월 15일, 남편은 43세의 젊은 나이로 소천했다. 그때 나는 슬픔 가운데 '그가 이집트에서 외친 메시지들을 출판하면 하나님의 어떠한 목적을 이루게 될 것이다'라는 생각이 강하게 들었다. 그래서 그의 설교가 수많은 사람들에게 영향을 끼쳤듯 그의 책도 그러하기를 간절히 기도하며 이렇게 출판을 시작하게 된 것이다. 바로 그 첫 책이 「오스왈드 챔버스의 욥기」이다. 이 책은 출간되자마자 이집트와 팔레스타인 군대에 널리 보급되었다. 그들 중에는 남편의 욥기 강해를 직접 들은 군인들이 꽤 있었다.

앞으로도 나는 그가 살아 있을 당시에 기록해 놓은 강력한 메시지들을 출판하는데 힘쓸 것이다.

"그의 믿음으로써 그는 여전히 우리에게 말하는도다"(히 11:4).

1924년 옥스퍼드에서
비디 챔버스

1947년 재판 서문

1917년 봄, 이집트 자이툰 YMCA 막사에 밤마다 군인들이 모여 들었다. 그들은 첫날에 칠판에 적힌 욥기서의 개요를 보았다. 그리고 약 한 달 동안 챔버스의 욥기 강해를 진지하게 들었다.

챔버스의 아내 비디는 매 시간마다 그가 전하는 메시지를 속기로 기록했다. 그리고 그 내용은 챔버스가 세상을 떠난 다음 해, 이 책의 초판을 위한 귀한 자료로 사용되었다. 지금까지 「오스왈드 챔버스의 욥기」는 재판의 재판을 거듭해 오면서, 고난 속에 홀로 몸부림치고 있는 수많은 사람들에게 '빛'을 비추어 주었다.

먼저 이 책의 메시지는 제1차 세계대전뿐 아니라 제2차 세계대전의 끔찍했던 무대에 선 자들에게 큰 영향력을 끼쳤다. 그리고 오늘날까지 우리 곁에 가까이 있는 고통의 문제에 빛을 밝혀 주고 있다.

무엇보다도 이 책은 우리의 구속자, 예수 그리스도를 바라보도록 이끈다. 우리 역시 욥처럼 긍휼과 자비로 충만하신 주님과 고난에 대한 그분의 '궁극적인 목적'을 만나게 될 것이다.

데이비드 램버트(David Lambert)

차례

오스왈드 챔버스의 욥기

CHAPTER 01

보이지 않는 세계

• 욥기 1:1–12

사람은
받들어야 할 하나님의 뜻과
순종해야 할 주인과
마쳐야 할 과정과
버려야 할 것들과
무엇이 되어야 하는지를 알고 있다

오, 주여
헛된 것에서 실체로
허물에서 온전함으로
옛것에서 새것으로
좋은 것에서 최고로 변화시켜 주소서!

– 로버트 브라우닝(Robert Browning)

욥에 대한 기록 1:1–5

동방에서 가장 온전한 자

- 선함에 있어서(1:1)
- 규모에 있어서(1:2–4)
- 자비에 있어서(1:5)

초자연적인 세계의 기록 1:6–12

보이지 않는 이면의 모습

- 하나님의 아들들(1:6)
- 사탄과 하나님(1:7–8)
- 사탄의 조소(1:9–12)

고통 받는 수많은 영혼들이 욥기 말씀을 읽으며 위로와 힘을 얻는다. 그 이유는 욥기가 고통의 궁극적인 이유를 알려 주지 않을까 하는 기대 때문일 것이다. 그런데 문제는 아무리 읽어도 고난에 대한 명쾌한 설명을 쉽게 찾을 수 없다는 것이다. 사람들은 욥이 고난을 통해 온전해졌다고 말하지만, 그것은 오히려 논점을 흐리게 만든다. 그 이유는 욥은 고난을 당하기 전에 이미 영적으로나 도덕적으로 온전한 사람이었기 때문이다.

"여호와께서 사탄에게 이르시되 네가 내 종 욥을 주의하여 보았느냐 그와 같이 온전하고 정직하여 하나님을 경외하며 악에서 떠난 자는 세상에 없느니라"(1:8).

그런데 이 온전한 욥이 하나님의 뜻에 따라 고난을 당했다. 자신의 고난이 어떻게 시작되었는지를 전혀 모르는 상태에서 말이다.

6-12절은 초자연적인 세계에서 일어난 한 사건의 기록이다. 평범한 눈으로는 볼 수 없는 이 세상 저 너머의 이야기로, 바로 이것이 욥의 고난에 대한 설명이다. 온전하고 정직한 욥에게 발생한 여러 불미스러운 사건들은, 단언컨대 그에게 어떤 잘못된 원인이 있어서 생긴 것이 아니었다.

"사탄이 여호와께 대답하여 이르되 욥이 어찌 까닭 없이 하나님을 경외하리이까"(1:9).

이 말씀을 다음과 같이 좀 더 쉽게 표현할 수 있다.

"하나님! 사람들이 당신을 사랑하는 것이 당신 자체를 사랑하는 것이라고 착각하지 마십시오. 인간은 그런 적도 없었고 그럴 리도 없습니다. 예를 들어, 욥도 당신이 복을 주고 형통하게 해 주니까 당신을 사랑하는 것입니다. 만약 당신이 그가 누리는 복 가운데 하나라도 건든다면, 그는 당신의 면전에서 당신을 저주할 것입니다. 이 땅에 있는 그 어떤 인간도 당신 자체를 사랑하지 않습니다."

여기서 우리는 '욥의 신조'가 무엇인지 기억해야 한다. 그것은, 하나님은 그분을 믿는 자들에게 복을 베푸시고 형통하게 하신다는 것이다. 즉, 온전치 않은 사람은 형통할 수 없다는 것이다. 그래서 욥은 자신에게 재앙이 계속 닥쳐올 때, 혼란에 빠졌고 그의 신조는 물거품이 되었다.

오늘날(제1차 세계대전 당시) 수많은 젊은 회의론자들이 생겨나고 있다. 그들은 전쟁(제1차 세계대전, 1914-1918)이 발발하기 전까지는 평탄한 인생을 살아온 자들이었다. 그런데 소요가 그치지 않자, 그들은 하나님을 향한 믿음을 내던지고 회의론자가 되어 버렸다. 이처럼 많은 사람들이 하나님의 역사가 '그분에 대한 자신의 신조'와 다를 때, 민감하게 반응하면서 그분을 떠난다(요 6:60,66 참조). 그러나 우리는 바로 이러한 때가 단순한 교리 조항이나 나만의 신조가 아닌, 살아 계신 하나님을 경험할 수 있는 가장 중요한 때임을 알아야 한다.

하늘 아버지께서 우리를 다루실 때를 보면, 당장에는 설명이 되지 않는 일들이 훨씬 많은 것 같다. 하나님은 우리를 극단적인 상황에까지 내몰기도 하시고, 도저히 이해할 수 없는 일들을 겪게도 하신다. 사실 인생의 근원은 결코 합리적이지 않다. 이러한 모든 문제가 욥기에서 우리를 위해 조명되고 있다. 욥기 13장 15절은, 욥이 외적으로는 하나님을 포기한 것 같아 보인다. 하지만 내면 깊은 곳에서는 주를 포기하지 않은 것을 알 수 있다.

> "그가 나를 죽이시리니 내가 희망이 없노라 그러나 그의 앞에서 내 행위를 아뢰리라."

이것이 욥의 믿음의 한계선이었다. 욥이 하나님에 대해 믿었던 모든 것, 즉 그의 신조는 고난으로 인해 산산조각이 났다. 또한 욥의 친구들은 자신들만의 신조로 욥을 몰아붙였다.

"욥, 자네는 위선자네. 우리는 자네가 지금까지 믿어왔던 신조를 통해 그 사실을 충분히 입증할 수 있네."

하지만 이때 욥이 끝까지 붙든 것이 하나 있었다.

"나는 위선자가 아닐세. 왜 이런 나쁜 일들이 내게 생겼는지 모르겠지만, 나는 하나님의 의로우심을 믿네. 그분은 언젠가 이 모든 일에 대한 그분의 정의를 나타내실 걸세."

그러나 하나님은 단 한 번도 욥에게 그분이 어떤 일을 하실 것이라고 설명해 주지 않으셨다. 이러한 그분의 섭리는 욥에게 더 많은 문제를 가져다주었다. 욥은 문제에 문제를 안고 갈등하다가 마침내 "이제는 내 눈이 주를 뵈옵나이다"(42:5)라고 고백하게 되었다. 욥은 어둠 가운데서 자신이 붙든 그 하나가 진리임을 깨달았다. 그의 믿음대로 하나님은 사랑이시고 의로우시며 영예로운 분으로 자신을 나타내셨다.

모든 사건은 하나님과 사탄이 욥의 허락 없이 그의 영혼을 전장으로 내몬 데서 기인했다. 그래서 욥의 인생은 아무 경고 없이 갑자기 엄청난 대혼란에 빠졌다. 뿐만 아니라 하나님은 그때 욥에게 자신이 어떤 존재인지도 나타내지 않으셨고, 그 어떠한 약속도 주지 않으셨다. 그가 겪은 고난은 절망스러울 정도로 하나님과 모순되어 보였고, 사탄의 조소가 옳은 것으로 증명되는 것처럼 보이기까지 했다. 하지만 마침내 욥은 하나님을 믿는 믿음 가운데 승리했다. 사탄은 완전히 패배했다.

당신은 당신이 겪는 모든 일이 하나님께 받은 계시와 정면으로 상충될 때, 그 계시를 믿겠는가?

오스왈드 챔버스의 욥기

CHAPTER 02

절망과 고통의 채찍

• 욥기 1:13–2:13

자신의 운명을 우리에게 던지신 예수님
그분은 처음부터 끝까지 다 알고 계셨다
나는 과연 그 사랑의 마음을, 강한 심령을
받아 누리며 지킬 수 있을까

이제 나는 폭풍우가 올 때 슬그머니 도망쳐서
그 품으로 달려가지 않으리라
과거 같으면 당신은 이러한 기도를
비웃으며 고개를 돌렸겠지

– 윌프리드 브린톤(Wilfrid Brinton)

재앙의 풍랑 가운데서

파멸의 맹공격 1:13-19

하나님은 사탄에게 욥의 소유에 대해 마음대로 간섭할 수 있는 권한을 주셨다.

"자, 욥의 소유를 어디 네 마음대로 해 보아라."

하나님은 사람의 소유에 대한 권한을 사탄에게서 빼앗지 않으셨다. 그래서 종종 인간의 소유에 대한 권한이 하나님의 손이 아닌 원수의 손에 달려 있는 것처럼 느껴질 때가 많다. 인간의 소유와 관련된 재앙이 우연히 발생하는 것 같지만, 이는 사탄의 역사와 관련이 깊다. 예수님은 '제자도'에 대해 말씀하실 때, 재물과 소유에 집착하지 말라고 지적하셨다. 만일 사람의 생명이 소유에 달려 있다면, 소유에 재난이 임할 때 그의 삶 역시 무너져 내릴 것이다(눅 12:15).

이제 사탄은 하나님의 허락 아래 더 커진 권한으로 욥의 소유를 마음대로 할 수 있게 되었다. 대부분의 사람들이 이유 없이 고난 받을 때, 그 즉시 하나님을 비방한다.

"하나님, 왜 제게 이런 일을 허락하셨습니까?"

오늘날의 사람들은 진리를 마비시키는 끔찍한 재앙을 겪고 있다. 이때 유일한 위로는 예수 그리스도밖에 없다. 재앙으로 인해 인간의 무능을 인정하고, 이로써 하나님을 더욱 의지하게 되는 것은 좋은 일이다. 이제 재앙 앞에서 "모든 사건의 밝은 면을 보라" 또는 "어떤 구름이라도 뒤쪽은 은빛으로 빛난다"(Every cloud has a silver lining, 고진감래)

라고 말하는 얄팍한 낙관주의는 설 자리를 잃었다. 모두가 '철저하게 검은 구름'도 있다는 것을 경험하게 되었기 때문이다.

절망의 시련 1:20-21

> "이르되 내가 모태에서 알몸으로 나왔사온즉 또한 알몸이 그리로 돌아가올지라 주신 이도 여호와시요 거두신 이도 여호와시오니 여호와의 이름이 찬송을 받으실지니이다"(1:21).

사실을 있는 그대로 받아들이면 절망하게 된다. 어떤 격분을 일으키는 것이 아니라 실제로 깊은 절망에 빠지게 되는 것이다. 이때 하나님은 그러한 질망에 빠진 인간을 결코 탓하지 않으신다.

생각이 많은 사람은 비관주의자가 될 수밖에 없다. 깊은 사고는 결코 낙관주의를 낳을 수 없기 때문이다. 이 땅에 살았던 가장 지혜로운 자는 "지혜가 많으면 번뇌도 많으니 지식을 더하는 자는 근심을 더하느니라"(전 1:18)고 말했다. 모든 것의 근원은 합리적이지 않다. 오히려 무질서하고 비극적이다. 따라서 사실을 있는 그대로만 받아들이면 절망의 도가니에 빠지게 된다. 입센(Ibsen)은 이러한 절망의 고통을 아무 반항 없이 그대로 받아들였다. 예수 그리스도에 의해 주어진 하나님의 계시를 전혀 몰랐던 그는, 인생이란 처절한 절망일 뿐이라고 요약했다.

"애통하는 자는 복이 있나니"(마 5:4).

우리 주님은 언제나 '애통'이라는 바탕에서 말씀하신다. 결코 '기질의 복음'(gospel of temperament)이라는 바탕에서 말씀하신 적이 없다. 철저한 절망에 빠지면, 아무리 많은 생각을 해도 그 절망의 늪에서 빠져나올 수 없다. 거기서 빠져나올 수 있는 방법은 오직 하나님의 도우심을 받는 것뿐이다. 그제야 비로소 인간은 하나님을 의지하는 올바른 태도를 취하게 된다.

신중한 처신 1:22

"이 모든 일에 욥이 범죄하지 아니하고 하나님을 향하여 원망하지 아니하니라"(1:22).

야고보 사도는 '욥의 인내'에 대해 언급했다(약 5:11). 그러나 우리는 욥을 생각할 때 '인내'를 떠올리는 경우가 거의 없다! 욥은 친구들과 지독한 논쟁을 벌였지만, 하나님에 대한 근본적인 인내는 지켰다. 욥은 자신에게 일어난 일을 이해할 수 없었지만 결코 하나님을 비난하지 않았다. 그는 하나님의 뜻이 분명히 있을 것이라고 확신했다. 예수님은 "나는 마음이 온유하고 겸손하다"(마 11:29)라고 말씀하셨다. 하지만 성전 안에서 매매하는 자들을 내쫓으시며 돈 바꾸는 자들의 상을 엎으시는 모습에서는 그분의 온유함을 찾아보기란 어렵다. 예수님은 아버지의 영광이 사람들에 의해 위협 받을 때에 온유한 모습만 보이지 않으셨다.

'황폐함의 악' 한가운데서

사탄의 조롱 2:1-6

욥은 모든 소유를 잃었지만 하나님을 향한 순전함은 잃지 않았다. 그런데 오히려 사탄은 더욱 조롱하듯 말했다.

> "이제 주의 손을 펴서 그의 뼈와 살을 치소서 그리하시면 틀림없이 주를 향하여 욕하지 않겠나이까"(2:5).

하나님에게 던진 사탄의 첫 번째 조롱은 "인간은 당신이 복을 주실 때만 사랑한다"는 것이었다. 하나님은 사탄의 말에 대답하셨다.

> "내가 그를 네 손에 맡기노라 다만 그의 생명은 해하지 말지니라"(2:6).

사탄의 마지막 내기는 인간의 육체였다. 때론 우리의 건강이 사탄의 권한 아래 있을 때가 있다. 사악한 사탄은 건강을 잃은 사람을 찾아가 미혹한다.

"네가 하나님의 임재를 느낄 수 없는 것을 보니 믿음을 잃은 것이 분명하구나."

모든 일의 저변에는 '황폐함의 악'이 있다. 황폐함은 결코 옳은 것이 아니다. 뭔가가 잘못되어 있어서 악한 일들이 현실에서 발생하는 것이다. 맹신의 위험 중에 하나는, 재난을 하나님의 계획의 한 부분으로 여기는 것이다. 그러나 그렇지 않다. 재난은 하나님의 계획이 아니라 '그분의 허용하시는 뜻'이다. 하나님의 작정(주께서 정하신 뜻-역주)에는 죄, 사탄, 병마 등이 없다.

누구의 도움도 받지 않는 지적인 사람은 "나는 죄와 구속, 예수 그리스도를 뺀 이성적인 차원에서 내 인생을 살겠다"라고 말한다. 그러면 하나님의 허용하시는 뜻, 곧 죄, 사탄, 어려움, 그릇됨, 악이 그에게 임하게 된다. 황폐와 재난이 임할 때, 그 중심에는 무엇인가 악한 쏘는 것이 있다. 만일 그가 모든 재난의 배후에 악한 존재가 있다는 것을 믿지 않는다면, 그는 어리석은 자이다. 우리는 하나님의 허용하시는 뜻을 통해 그분이 작정하신 뜻을 붙잡을 수 있어야 한다.

그리스도인은 사고하는 것이 머리 아프다고 해서 예수님의 품으로 도망가서는 안 된다. 실제를 대면하는 것을 피하거나 실제에 항복한다면, 그는 도덕적으로 영적으로 겁쟁이이다. 그리스도인이 지닌 가장 큰 두려움은 자신의 개인적인 두려움이 아니라 자신의 영웅, 즉 하나님이 승리하지 못할 수도 있다는 두려움이다. 그러나 하나님의 목적은 "많은 아들들을 이끌어 영광에 들어가게 하시는" (히 2:10) 것이다.

욥기는 사탄이 어떤 일을 저지르더라도 우리가 하나님께로 나아갈 수 있다는 것을 증명한다.

고통의 채찍 2:7-10

인간의 생명에 있어서 가장 밖에 있는 테두리는 육신이다. 사탄이 욥의 몸을 치자 "그의 발바닥에서 정수리까지 종기가 났다"(2:7). 그때 욥의 아내는 그에게 "하나님을 욕하고 죽으라"고 말했다. 그러자 욥은 아내에게 "그대의 말이 한 어리석은 여자의 말 같도다 우리가 하나님께 복을 받았은즉 화도 받지 아니하겠느냐"라고 대답했다. 욥은 입술로 하나님께 범죄하지 않았다(2:10).

바로 이러한 일이 '고통의 채찍'이다. 내가 믿기를 잘못해서 고통을 당하는 것이라면 내 자신에게 설명이 된다. 그러나 내가 잘못한 것이 없는데 고통을 당하는 것이라면 마음이 어렵다. 더욱이 가장 끔찍한 고통의 채찍은, 가까운 사람들이 내가 당하는 고난에 대해 '내 잘못'이라고 말할 때 생긴다. 이것이 고통의 한계선이다. 이 고통의 채찍이 욥을 잔인하게 때렸다. 사탄의 조롱의 능력은, 이미 욥의 가장 가까운 사람들의 마음에까지 뻗친 것이다.

슬픔의 고독 2:11-13

> "그 때에 욥의 친구 세 사람이 이 모든 재앙이 그에게 내렸다 함을 듣고 각각 자기 지역에서부터 이르렀으니 … 눈을 들어 멀리 보매

그가 욥인 줄 알기 어렵게 되었으므로 그들이 일제히 소리 질러 울며 각각 자기의 겉옷을 찢고 하늘을 향하여 티끌을 날려 자기 머리에 뿌리고 밤낮 칠 일 동안 그와 함께 땅에 앉았으나 욥의 고통이 심함을 보므로 그에게 한마디도 말하는 자가 없었더라"(2:11–13).

욥의 친구들은 그에게 임한 재앙을 보고 기절초풍했다. 자신들의 신조에 따르면, 착하고 정직한 욥은 이러한 재앙들을 겪어서는 안 되었기 때문이다. 그들은 어안이 벙벙해서 욥에게 아무 말을 못했고, 그래서 욥은 위로 한 마디 듣지 못하고 그들과의 사이에서 거리감을 느꼈다. 욥의 친구들은 서서히 하나님에 대한 자신들의 관점을 피력하기 시작했다. 그리고 내린 결론은 욥에게 문제가 있다는 것이었다.

그들은 자신들의 관점에 대한 그릇된 확신을 갖고 있었다. 이는 하나님보다 신학을 앞세울 때 종종 나타나는 현상이다. 욥뿐 아니라 그들도 고통을 당했는데, 그 이유는 그들의 신학과 맞지 않는 욥의 예민한 자세 때문이었다.

"나는 왜 하나님이 내게 이런 고통을 허락하셨는지 이해할 수 없지만, 그럼에도 불구하고 나의 하나님은 신실하고 존귀하신 분이야. 난 믿음을 끝까지 포기하지 않을 거야. 마침내 그분은 사랑과 공의, 진리의 하나님이심을 분명히 드러내실 거야."

욥기는 직접 교훈하는 것이 아무것도 없다. 하지만 그 안에는 하나님이 모든 것을 다 알고 계시다는 깊은 의식이 흐르고 있다. 욥은 자신의 모든 것을 다 잃고 건강마저 잃었다. 그러나 그는 재앙의 풍랑 속에서도 하나님께서 책망하실 만한 흠을 드러내지 않았다.

CHAPTER 03

비극을 피할 수 없는 인생

• 욥기 3장

무지한 세상은 눈 먼 채
위로받지 못하고
그리스도의 발 앞에 앉아 있다
만일 주의 옷깃을 만지기만 한다면
먼지도 금으로 변화될 텐데

– 휫티어(Whittier)

낙관주의는 '하나님의 계시'로 인해 나타나는 현상이거나 아니면 '개인의 성격'으로 인해 나타나는 현상이다. 끝없는 고뇌 안에서는 결코 나타날 수도 생겨날 수도 없는 것이다. 만일 세상을 있는 그대로만 보는 사람에게는 비관주의만 존재할 것이다.

하나님과 사람 사이에 거리가 없고 인생에 비극이 없다면, 예수 그리스도의 구속은 '공연한 법석'이 될 것이다. 건강한 이성을 지닌 사람은 자신의 삶을 현실에 둔다. 하지만 감당할 수 없는 사건이나 치욕스러운 일을 당한 사람은, 인생이 온통 절망 투성이임을 발견하게 될 것이다. 마치 욥처럼 말이다. 이 사람이 그 자리에서 나올 수 있는 방법은, 하나님의 계시를 받아들이고 예수 그리스도의 나라에 들어가는 것뿐이다.

태어난 날을 저주함 3:1–7

> "그 후에 욥이 입을 열어 자기의 생일을 저주하니라 … 내가 난 날이 멸망했더라면…"(3:1,3).

욥은 아주 슬픈 일을 당했다. 그때 그가 할 수 있었던 유일한 일은 자신이 태어난 것을 저주하는 것뿐이었다. 누군가에게는 고난이 피상적일 수 있다. 그러나 욥에게는 아주 실제적이었다. 그의 탄식은 마음속 깊은 곳에서부터 터져 나왔다.

"내가 태어나지 않았더라면 얼마나 좋았을까!"

돌이킬 수 없는 것에 대한 슬픔은 인생에서 느끼는 가장 큰 고통 중 하나일 것이다. 아담과 하와는 낙원에서 쫓겨날 때 그것을 느꼈다. 가인 역시 이렇게 절규했다.

"내 죄벌이 지기가 너무 무거우니이다"(창 4:13).

에서는 축복을 이어받기 위해 눈물을 흘리며 구했으나 버린 바가 되어 회개할 기회를 얻지 못했다(히 12:17). 이렇듯 절대로 돌이킬 수 없는 것들이 있다. 욥은 돌이킬 수 없는 자신의 출생을 비참해 하면서 하나님이 자신에게 행하신 일과 직면하게 되었다. 이러한 상태가 될 때, 비로소 인간은 구속의 의미를 깨닫기 시작한다. 세상만사는 논리적이지 않다. 이해할 수 없는 것들도 너무 많다. 그리고 그 저변에는 비극이 깔려 있다. 성경은 그 비극에서 나올 수 있는 유일한 길이 구속을 통하는 길이라고 계시한다. 욥의 경우, 그의 문제는 삶의 즐거움에 대한 것이 아니었다. 그는 갑자기 아무런 이유 없이 모든 것을 잃었다. 성실함을 통해 이룬 모든 형통은 갑자기 다 무너졌고, 하나님을 향한 그의 믿음은 큰 충격을 받았다.

하나님에 대한 교리적인 믿음은 있으나 정작 그분과의 인격적인 관계가 없을 때 바로 이 고통이 찾아온다. 교리는 부차적인 것이지 결코 근본적인 것이 아니다. 인생에는 설명할 수 없는 것들이 더 많다는 것을 늘 기억하라. 욥은 그가 이해할 수도, 해결할 수도 없는 어려운 일에 직면했을 때, 빠져나갈 길이 전혀 없음을 깨달았다.

가장 밑바닥에 있는 문제 3:8-13

당신이 유명한 철학자가 쓴 책을 통해 인생을 배웠다고 가정해 보자. 실제 삶에서 그 책의 내용대로 살 수 있겠는가? 그럴 수 없다. 인생은 책처럼 단순하지 않다. 철학자의 이론은 마치 탐조등과 같아서 어떤 부분은 밝게 비추지만 다른 부분은 전혀 비추지 못한다. 반면 태양은 탐조등이 전혀 드러내지 못하는 수백수천 가지의 것들을 드러낸다. 인간이 구속을 바탕으로 하나님과 온전한 관계를 맺는 것이 이 세상에서 가장 단순한 것이다. 바로 이러한 이유 때문에 사도 바울은 "너희 마음이 그리스도를 향하는 진실함과 깨끗함에서 떠나 부패할까 두려워하노라"(고후 11:3)라고 말했다.

'이성'은 인생에서 우리를 인도하는 인도자라고 할 수 있다. 하지만 인생에서 일어나는 일들에 대해 설명해 주지는 못한다. 죄와 고난, 그리고 성경은 이성으로 해결할 수 없는 뭔가가 있음을 우리에게 알려 준다. 하나님은 언제나 삶의 '근원', 즉 가장 밑바닥에 있는 진짜 문제를 다루신다. 만일 우리가 겉으로 보이는 것만 다룬다면 구속의 필요를 깨닫지 못할 것이다. 그러나 맨 밑바닥에 있는 문제에 걸리면 모든 것이 달라진다. 예를 들어, 전쟁이 그러하다. 전쟁은 인간들의 수많은 자기 확신적인 믿음을 무너뜨린다. 콜리지(Coleridge)는 자신을 그리스도인이라 말하는 수많은 사람들이 실제는 하나님을 믿는 것이 아니라, 하나님에 대한 자신들의 믿음을 믿는 것이라고 비평했다.

살다 보면 무책임해 보이는 큰 실수들이 많이 발생한다. 하지만 성경은 그것에 대해 다 책임져 준다고 계시한다. 바로 십자가를 통해서 말이다. 하나님은 구속을 통해 인간이 구원받을 수 있는 길을 찾게 하셨다. 이런 면에서 욥기의 내용은 깊은 의미가 있다.

난공불락의 암흑 3:13-22

여기서는 아픔과 고난에 대한 것이 아닌, 끝없는 암흑과 그 암흑 가운데서 평안을 바라는 마음에 대해 언급하고 있다.

> "어찌하여 고난 당하는 자에게 빛을 주셨으며 마음이 아픈 자에게 생명을 주셨는고 이러한 자는 죽기를 바라도 오지 아니하니 땅을 파고 숨긴 보배를 찾음보다 죽음을 구하는 것을 더하다가 무덤을 찾아 얻으면 심히 기뻐하고 즐거워하나니"(3:20-22).

욥의 상황이 빚어낸 난공불락의 암흑, 그곳에서 빠져나올 수 있는 유일한 방법은 죽음밖에 없어 보인다. 그래서 격변의 시대에는 항상 자살률이 높았다. 도저히 그 상황을 받아들일 수 없어 자살을 택하게 되는 것이다. 밑바닥 삶은 거칠다. 그러나 그럼에도 불구하고 인생을 즐겁게 살 수 있는 유일한 비결은 당신이 성도가 되는 것이다. 아니면 모든 상황에 무관심하거나!

당혹스러운 하나님의 다루심 3:23-26

욥은 그를 다루시는 하나님의 방법에 대해 엄청난 당혹감을 느꼈다.

> "하나님에게 둘러 싸여 길이 아득한 사람에게 어찌하여 빛을 주셨는고 … 나에게는 평온도 없고 안일도 없고 휴식도 없고 다만 불안만이 있구나"(3:23,26).

우리는 끔찍한 슬픔을 당할 때, 당혹감을 느끼지 않을 수도 있다. 하지만 산상수훈의 교훈을 정직한 마음으로 대한다면, 욥이 느낀 당혹감을 조금은 느낄 수 있을 것이다. 예수 그리스도의 그 말씀은 우리에게 절망을 준다. 그 이유는 주께서 진심으로 그 말씀을 하셨다면, 우리는 도대체 어떻게 되겠는가?

> "마음이 청결한 자는 복이 있나니"(마 5:8).

이 말씀은 우리 마음속에 하나님께서 책망할 만한 것이 아무것도 없어야 복이 있다는 뜻이다. 과연 누가 이 기준에 도달할 수 있겠는가? 하지만 여전히 예수님은 오직 마음이 청결한 자만이 하나님 앞에 설 수 있다고 말씀하신다. 성경은 예수 그리스도께서 오신 목적이 삶의 교훈을 주시기 위함이라고 말하지 않는다. 예수님이 오신 이유는 구속에 바탕을 둔 영생을 주기 위함이라고 말한다. 즉, 예수님을 믿고 거듭나면 누구든지 하나님의 나라에 갈 수 있다는 것이다(요 3:3). 우리는 거듭난 후에야 예수님의 말씀을 진정으로 깨달을 수 있다. 그래서 도덕적으로 바르고 스스로를 의롭게 여기는 사람은 예수 그리스도를 필요로 하지 않는다. 이에 예수님은 "내가 의인을 부르러 온 것이 아니요 죄인을 불러 회개시키러 왔노라"(눅 5:32)라고 말씀하셨다. 자신이 철저하게 무너질 때, 우리는 망하는 것이 아니라 비로소 하나님이 마련해 두신 구원의 길을 발견하게 된다.

때로 우리는 스스로에게 "힘내, 밝은 면을 보고 일어나자"라고 말할 수 없을 정도로 고통스러운 일을 겪게 된다. 이때 유일한 치료자는 하나님밖에 없다. 우리가 붙들 것은 십자가밖에 없다. 예수님은 사탄의 모든 고소를 우리가 능히 감당할 수 있도록 도우신다. 사탄의 목표는 사람들로 하여금 하나님은 잔인하며 모든 일이 다 잘못되었다고 믿게 하는 것이다. 하지만 고통 가운데 하나님을 온 맘 다해 의지하면, 그분만이 모든 문제에 대한 해답임을 발견하게 될 것이다.

CHAPTER 04

편견과 교만으로부터 나온 충고

• 욥기 4–5장

우리는 세월 때문에 살아 있는 것이 아니라
행동하기에 살아 있고
호흡이 있기 때문에 살아 있는 것이 아니라
생각하기에 살아 있으며
감정이 있기에 살아 있다
우리는 고동치는 심장으로 시간을 세어야 한다
최고의 생각을 하는 자가 최고의 삶을 살며
최고의 고상한 것을 느끼는 자가 최고로 행동한다
삶은 목표를 향한 수단일 뿐,
그 목표는 처음부터 끝까지 전부 오직 하나님이다

– 필립 제임스 베일리(Philip James Bailey)

궁극적으로 중요한 것은 사람의 행동이 아니라 그 행동을 하는 사람이다. 언제나 사람은 강력하고 지속적인 영향을 끼친다.

전례를 근거로 한 추측 4:1-6

적막 가운데서 가장 먼저 입을 뗀 친구는 엘리바스였다. 그는, 하나님은 늘 한결같이 행하신다는 전제 아래 말하고 있다. 그의 주장에 따르면, 인간은 하나님이 과거와 다르게 행하시리라고 기대하면 안 된다는 것이다. 이것은 그가 처음 뱉은 말에서부터 분명하게 드러난다.

> "보라 전에 네가 여러 사람을 훈계했고 손이 늘어진 자를 강하게 했고 넘어지는 자를 말로 붙들어 주었고 무릎이 약한 자를 강하게 했거늘 이제 이 일이 네게 이르매 네가 힘들어 하고 이 일이 네게 닥치매 네가 놀라는구나"(4:3-5).

엘리바스는 욥이 이전에는 수많은 사람들을 훈계하고 도와주었지만 지금은 아니라고 꼬집어 말한다. 욥이 끔찍한 고통을 당하는 것을 보니, 뭔가 잘못되었다고 말하는 것이다. 엘리바스는 고통을 당한 자들을 위로하던 욥이 고통 당하는 것을 보면서 그렇게 추론하고 있는 것이다. 하지만 엘리바스의 추론은 맞지 않다. 그 이유는 하나님과 사탄이 아무 경고나 설명 없이 그의 영혼을 전쟁터로 삼았기 때문이다.

엘리바스처럼 이전 사례를 가지고 추론하는 것은 매우 쉽고 단순하다. 그러나 대단히 위험한 일이다. 오직 하나님께 주권을 드리고, 하나님은 그분이 기뻐하시는 뜻대로 세상을 다스리신다는 사실을 인정하라. 만일 우리가 하나님의 역사를 종교나 어떤 규칙에 가둔다면, 이는 우리가 그분과 동등해지려는 것과 같다. 욥의 고난은 과거의 전례에 따른 것이 아니었다. 그 고난은 그가 교훈하고 위로했던 자들이 당한 고난과 전혀 다른 것이었다. 그래서 우리는 누군가를 판단할 때 항상 조심해야 한다.

고통 받는 사람이 고통 그 자체보다 무언가 다른 이유로 크게 상처를 입거나 분노하는 경우가 종종 있다. 예를 들어, 단지 고통 속에서 하소연하듯 말한 것뿐인데, 그로 인해 주변 사람들로부터 전혀 예상치 못한 일을 당하게 될 때이다. 우리는 하나님이 최종적으로 욥의 친구들이 진리를 말하지 않았다고 판단하셨음을 기억해야 한다.

우리도 엘리바스처럼 행동할 위험이 있다. 우리 역시 누군가가 전례에 따라 행동하지 않을 때, 그가 하나님과 온전한 관계에 있지 않다고 쉽게 판단을 내리기 때문이다. 우리는 누군가를 판단하기 위해 만들어 놓은 '나만의 잣대'를 버려야 한다. 우리가 하나님에 대해 알 수 있는 가장 분명한 것은 예수 그리스도를 통해 나타나는 그분의 성품이다.

고정관념으로부터 나온 말 4:7-21

엘리바스는 "하나님은 착한 사람에게는 복을 내리시고, 나쁜 사람에게는 벌을 내리신다"는 고정관념을 가지고 계속 따져 들어간다.

> "생각하여 보라 죄 없이 망한 자가 누구인가 정직한 자의 끊어짐이 어디 있는가 내가 보건대 악을 밭 갈고 독을 뿌리는 자는 그대로 거두나니"(4:7-8).

엘리바스는 "악을 밭 갈고 독을 뿌리는 자는 그대로 거둔다"라는 자연의 법칙으로 그의 주장을 펼치고 있다. 즉, 하나님은 의인을 벌하시지 않기 때문에 죄가 없는 자는 망하지 않는다는 것이다. 하지만 그의 이 단순한 주장은 사실과 맞지 않다. 이 주장은 그의 고정관념에서 나온 것으로 왜곡된 것이다. 만일 우리도 이와 같은 고정관념을 가지고 있다면, 의인이 망할 때 이렇게 말할 것이다.

"당신은 의로운 사람이 아닙니다. 하나님은 의로운 자에게 고난을 허락하시지 않기 때문입니다. 그러므로 당신은 악인으로 판명되었습니다."

하나님이 택하신 유대인들은 그들의 고정관념으로 예수님을 십자가에 못 박아 죽였다. 예수님은 앞으로 교회들이 전례와 고정관념에 철저하게 사로잡힐 것이라고 경고하셨다. 그리고 "주의 날이 밤에 도둑 같이" 임할 것이라고 하셨다. 이는 교회가 자신들만의 고정관념에 사로잡혀 주님이 오셔도 알아보지 못할 것이라는 뜻을 내포하고 있다.

언제나 논리로 당신의 입을 막으려는 사람들이 있다. 그런데 안타깝게도 당신은 그들의 말이 틀렸다는 것을 입증하지 못한다. 이는 당신의 밑바닥에 논리가 아닌 비극이 있기 때문이다. 논리와 이치는 만사의 현상을 대하는 방법일 뿐이다. 그러니 그것들로 만사를 설명할 수는 없다.

편견으로부터 나온 말 5:1-16

편견은 충분한 증거 없이 판단을 내리는 것을 의미한다. 우리는 누구나 편견을 갖고 있으며 편견을 통해서 세상을 본다. 엘리바스를 보면 그의 편견이 어떻게 나타나는지 뚜렷히 알 수 있다. 그는 자신이 하나님을 알고 그분이 어떻게 역사하실지도 안다고 착각했다. 그가 가진 편견은 "하나님은 의인에게 절대로 고통을 주지 않으신다"는 것이다. 따라서 그는 고난 당하는 욥이 의롭지 않다고 판단했다.

프랜시스 베이컨(Francis Bacon, 1561-1626: 영국의 철학자이자 정치인으로 경험론의 창시자이며 데카르트와 함께 근세 철학의 개척자로 불린다.-역주)은 그의 에세이에서 고난에 대해 언급하면서 "번영은 구약의 복이나 고난은 신약의 복이다"라고 했다. 사도 바울 역시 "무릇 그리스도 예수 안에서 경건하게 살고자 하는 자는 박해를 받으리라"(딤후 3:12)고 했다.

우리는 자신의 경험을 판단 기준으로 삼아서도 안 되고, 그 기준으로 다른 사람을 판단해서도 안 된다. 편견을 가지고 교훈하는 것은 위험하다. 편견을 가진 사람은 자신만 옳다고 착각하면서 독단적으로 행동한다. 그러기에 우리는 스스로에게 항상 이러한 질문을 해야 할 것이다.

"과연 나는 주께서 내가 기대하지 않는 방법으로 오실 때, 그분을 알아볼 수 있을까? 주께서 멋진 신랑으로 오시든지 목수로 오시든지 상관없이 그분을 알아볼 수 있을까?"

예수님은 편견에 사로잡힌 바리새인들에게 이렇게 나타나셨고, 이에 그들은 예수님을 구세주로 알아보지 못했다. 하나님이 역사하실 때 나타나는 특징은, 자아를 비우게 되고 정욕을 억제하게 되며 자신에게 있는 모든 것을 내려놓게 되는 것이다. 지금 이 전쟁을 치르고 있는 병사들에게 가장 뚜렷하게 나타나는 특징이 바로 이러한 것들이다.

거만으로부터 나온 말 5:17-27

엘리바스는 자신의 편견으로 하나님의 역사를 제한했을 뿐 아니라 욥이 하나님의 손에 의해 징계를 당하고 있다고 주장했다.

> "볼지어다 하나님께 징계 받는 자에게는 복이 있나니 그런즉 너는 전능자의 징계를 업신여기지 말지니라 하나님은 아프게 하시다가 싸매시며 상하게 하시다가 그의 손으로 고치시나니"(5:17-18).

엘리바스가 말하는 하나님의 징계는 욥이 당한 고난과 전혀 상관이 없었다. 하나님의 징계는 그분의 사랑의 표현 중 하나이다. 하지만 욥에게 있어서 가장 큰 요인은 징계가 아니라 그가 알지 못하는 하늘에서의 사건이었다. 만약 엘리바스의 주장대로라면 욥은 위선자로 판명된다.

엘리바스의 태도는 거만한 선생의 태도였다. 당신도 이 거만의 독을 주의하라. 거짓 복음을 전하는 자의 특징은 '거만함'이다. 천성적으로 거만하기 때문에 그런 태도를 보이는 것이 아니라, 자신에게 쌓인 편견 때문에 거만해지는 것이다. 예수님은 제자들에게 이렇게 말씀하셨다.

> "나를 따라오라 내가 너희를 사람을 낚는 어부가 되게 하리라"(마 4:19).

예수님은 제자를 부르실 때, 기술 좋은 어부가 아닌 그저 그물을 사용할 줄 아는 어부를 부르셨다. 그래서 우리는 '물고기'에 대해 신경 쓸 필요가 없다. 이는 하나님께서 행하실 일이다. 하지만 거짓 복음을 전하는 자들은 사람을 낚는 기술이 풍부하며 그 기회를 절대로 놓치지 않는다. 그래서 더욱 거만한 마음을 취하게 된다. 그들의 말은 매우 고상하게 들리지만, 실제로 그것은 그릇된 성품을 낳는다. 그들은 예수님의 제자가 아닌 화약 냄새 나는 사나운 사람들을 만들어 낸다. 따라서 평범한 사람들은 그들을 만나기를 두려워한다. 우리가 해야 할 일은 모든 것의 근원이신 그리스도를 주목하는 것뿐이다. 그러면 주님이 모든 결과와 흐름을 책임지실 것이다.

> "나를 믿는 자는 성경에 이름과 같이 그 배에서 생수의 강이 흘러나오리라"(요 7:38).

누가 당신에게 실제적인 유익을 주는 사람인가? 아마도 그는 단 한 번도 자신이 누군가에게 영향을 준다고 생각한 적이 없는 사람일 것이다. 그는 자신에게 자랑할 것이 없다고 생각하는 사람일 것이다. 하지만 거짓 복음을 전하는 자들은 수많은 무신론자들로 하여금 "나는 그리스도인들을 싫어합니다. 그들은 하나님에 대해 너무 많이 알아서 무례하고 거만합니다"라고 말하게 만든다. 엘리바스는 욥에게 하나님에 대한 자신이 아는 모든 것을 말하고 있지만, 그는 그런 말할 자격이 없었다. 차라리 입을 열지 않았더라면, 그의 무례함과 거만함은 드러나지 않았을 것이다.

만일 이 내용을 통해 당신이 이해할 수 없는 일들에 침묵하는 태도를 갖게 된다면, 아주 큰 통찰력을 얻게 될 것이다. 우리가 함부로 말을 내뱉어서는 안 되는 고통이 이 땅에는 너무도 많다. 고통을 그 사람의 기질과 연결해서 설명하려 하지 마라. 당신이 해야 할 일은 입을 다물고 하나님이 간섭하실 수 있도록 '여지'를 만드는 것이다.

가장 중요한 핵심은 "나는 하나님에 대해 설명하려는 자인가, 참으로 그분을 믿는 자인가?" 하는 것이다. 신학은 위대한 업적이며 교리 또한 마찬가지이다. 하지만 하나님은 그것들보다 비교할 수 없을 만큼 훨씬 위대하시다. 우리에게 가장 중요한 것은 하나님과 나의 관계이다.

CHAPTER 05

절망의 늪

• 욥기 6–7장

오, 후회, 갈등, 실패여!
오, 수많은 절망의 날들과 무가치한 세월이여
그 밤에 그렇게 강렬하게 결심했으나 허사로구나
나의 수치로 인한 아픔과 눈물의 고통이여
얼마나 간절한 소원으로 밤새 기도했는지…
그럼에도 아무런 응답이 없구나
지나칠 정도로 바랐던 그 마음은
기도의 고통과 함께 절망과 의아함의 늪으로 떨어진다!

– F.W.H. 마이어(F.W.H. Myers)

이제 욥은 아주 처절한 절망에 빠진다. 그렇다고 해서 자기 자신에게만 빠져 자신의 아픔만 표현하고 있는 것은 아니다.

고통으로 인한 우울증 6:1-14

> "나의 괴로움을 달아 보며 나의 파멸을 저울 위에 모두 놓을 수 있다면"(6:2).

앞에서 언급한 것처럼 그 누구도 정상적인 사고로는 낙관주의자가 될 수 없다. 그리스도인이 아니라면 말이다. 물론 낙관주의 자체는 그리스도이든 아니든 상관없이 갖고 있는 건강한 마음의 상태를 가리킨다. 하지만 정확하게는 눈 먼 상태라고 말할 수 있다. 낙관적인 기질에 눈이 가려져 있지 않다면, 절망만이 유일한 끝임을 쉽게 발견하게 될 것이다.

욥은 우울했다. 그것은 정신적인 문제의 우울증이 아니라, 그가 겪은 고통스런 사건들로 인해 나온 결과였다. 하지만 그는 신앙으로 그것들을 가리지 않았다. 욥은 하나님의 영광을 위해, 또는 자기 자신을 위로하기 위해 거짓말하는 것을 거부했다. 만약 우리가 욥과 같은 고난을 경험하게 된다면, 둘 중 하나를 택하게 될 것이다. 하나님의 영광을 위해 "나는 내가 생각한 것 이상으로 악한 존재구나"라는 거짓을 취하든지, 너무 괴로워 아예 생각조차 하지 않는 그런 형태의 신앙을 취하게 될 것이다.

안타깝게도 많은 그리스도인들이 구원을 값싸게 여긴다. 만일 십자가의 공로가 없었다면, 욥에게도 우리에게도 소망이 있을 수 없다. 지금 일어나고 있는 전쟁의 결과도 마찬가지이다. 하나님의 전능하심을 경험하게 되리라는 기대가 마음속에 없다면, 우리는 절망을 피해갈 수 없다. 우리는 원래 생각하기를 싫어하고 현재에 지나치게 만족하기 때문에 이 말들이 생소하게 들릴 수 있다. 만약 그렇다면 아직 처절하게 고난을 당한 것이 아니다.

오해에 대한 분노 6:15-30

> "내 형제들은 개울과 같이 변덕스럽고 그들은 개울의 물살 같이 지나가누나"(6:15).

욥은 친구들이 "속이는 시내 같이" 자신을 다루는 것에 대해 불평하고 있다(렘 15:18 참조). 친구들은 욥의 말에 적극적으로 대꾸했지만 그의 말의 의미를 전혀 이해하려 들지 않았기 때문이다. 내 친구 중 하나는 누군가를 좋아하지 않는데, 그 이유는 그가 잘못된 것을 미워하지 않기 때문이라고 말했다. 욥의 분노는 사도 바울이 말한 "분을 내어도 죄를 짓지 말라"(엡 4:26)는 권면에서 벗어나지 않고 있다. 그것은 친구들의 오해에 대항하는 것이었다. 욥에게는 그들이 오해하는 것을 막을 권한이 있었다. 그렇다면 그들이 오해한 가장 큰 이유는 무엇인가? 그것은 그들이 욥의 말 뒤에 있는 진의를 의도적으로 거부했기 때문이다. 따라서 그들의 오해는 쉽게 양해를 구할 수 있는 성격의 것이 아니었다.

우리는 다른 사람의 말을 똑같이 하면서 얼마든지 그릇된 의미를 전달할 수 있다. 즉, 진리를 말하면서 거짓을 전달할 수도 있다는 말이다. 지금 욥은 친구들이 이러한 오해를 하고 있다고 지적하고 있다. 그들은 욥의 말꼬리를 끈질기게 붙잡고, 하나님의 관점이 아니라 그들이 붙잡고 있는 교리의 관점에서 욥을 판단하고 있다. 그래서 욥을 악인으로 여겼을 뿐 아니라 그의 앞에서 하나님을 철저하게 왜곡시키고 있었다.

욥의 불평은 종종 우리가 들을 수 있는 "아무도 나를 이해하지 못할 거야"라는 천박한 푸념 같은 것이 아니었다. 그것은 그릇된 편견으로부터 나온 오해에 대해 불평이었다. 사실 그는 이렇게 말하고 있는 것이다.

"지금 자네들은 내가 원하지도 않는 조언을 하고 있다네. 나는 지금 깊은 좌절 가운데 있기에 내가 받아들일 수 있는 것만 붙들 수 있다네. 이보게들, 나는 지금 자네들의 말 때문에 화가 나네. 난 정말로 잘못한 것이 없다네."

우리는 위기의 때에 가말리엘의 말을 인용하곤 한다.

> "이제 내가 너희에게 말하노니 이 사람들을 상관하지 말고 버려 두라 이 사상과 이 소행이 사람으로부터 났으면 무너질 것이요 만일

하나님께로부터 났으면 너희가 그들을 무너뜨릴 수 없겠고 도리어 하나님을 대적하는 자가 될까 하노라"(행 5:38-39).

즉, 싸울 필요가 없다는 것이다. 하지만 기독교의 관점은, 누군가가 실족할 때 적극적인 분노를 나타내는 것이다. 공의가 무너질 때 무관심한 것은 "여호와를 돕지 아니하며 여호와를 도와 용사를 치지 아니한"(삿 5:23) 메로스의 저주 아래 들어가는 것이다. 그리스도인은 양심이 아니라 하나님과의 인격적인 관계에 의해 판단 받는다.

참담함의 표현 7:1-11

"나의 날은 베틀의 북보다 빠르니 희망 없이 보내는구나 … 그런즉 내가 내 입을 금하지 아니하고 내 영혼의 아픔 때문에 말하며 내 마음의 괴로움 때문에 불평하리이다"(7:6,11).

'참담'은 도움의 손길이 전혀 보이지 않는, 깊은 고통의 상태를 말한다. 욥이 바로 이러한 고통을 당하고 있었다. 우리는 참담한 기분을 종종 느끼곤 하는데, 욥의 참담함은 단순히 기분 때문이 아닌 삶의 실체를 직면한 데서 나오는 것이었다. 이러한 이유 때문에 욥기가 성경에 포함되어 있는 것이다. 욥의 고백은 일반적인 참담과 우울의 표현이 아니라 인생 저변의 실체인 비극을 직면한 자의 표현이었다. 욥이 입을 열 때마다 이성주의의 '지지대'는 무너졌다. 그가 전혀 이치에 맞지 않는 고난을 당하고 있었기 때문이다.

이 전쟁은 세상만사의 근원이 비극이라는 욥의 발견이 옳음을 입증하고 있다. 사람들은 바로 이러한 때에 구속의 필요를 깨닫게 되고, 하나님의 의를 보게 된다. 인간 스스로는 어떤 노력과 희생으로도 인생의 근원을 바르게 세울 수 없다. 오직 하나님만이 그 일에 대한 책임을 지시고 그 일을 이루신다.

나는 니체가 병들어 난폭해진 요인과 욥의 불평의 요인이 아마 같지 않았을까 생각한다. 가령 어떤 사람이 예수 그리스도를 통한 구원을 경험하지 못한 채 지옥을 본다고 상상해 보자. 그의 이성은 분명히 흔들릴 것이다. 거짓 복음주의는 예수 그리스도께 나아가는 첫 걸음이 죄책감이라고 주장한다. 하지만 이는 엄청난 실수를 하는 것이다. 우리가 예수 그리스도를 볼 수 있는 곳에 도달할 때에야 비로소 주님은 우리를 신뢰하심으로 죄를 대면하게 하신다.

우리는 욥이나 사도 바울 같은 사람들을 대할 때, 하나님이 그들을 사용하셔서 우리가 전혀 체험하지 못한 것들에 대해 나누게 하신다는 사실을 기억해야 한다. 우리는 우리 자신의 좁은 감성으로 욥을 이해할 수 없다. 온 세상의 문제가 욥의 체험 안에서 우리를 위해 반영되고 있다.

자비를 호소함 7:12-21

욥은 우리가 공감할 만한 말을 한다.

"내가 바다니이까 바다 괴물이니이까 주께서 어찌하여 나를 지키시나이까"(7:12).

우리는 고통스러울 때 "하나님, 저 좀 내버려 두세요. 왜 제가 관심조차 받지 않는 일을 위해 사용되어야 하나요?"라고 따진다. 그리스도인의 삶은 자기 자신의 계획을 위해 사용되지 않는다. 오직 '예수님이 하신 기도'를 성취하기 위해 사용된다. 예수님은 그분이 하나님 아버지와 하나인 것처럼 우리가 그분과 하나가 되기를 기도하셨다. 따라서 하나님은 오직 한 가지에 관심이 있으시다. 하나님은 우리가 좋아하든 싫어하든 상관하지 않고 오직 예수님처럼 순결해질 때까지 그분의 불로 우리를 태우실 것이다. 우리는 그 과정에서 욥처럼 부르짖게 된다.

"주님, 저 좀 내버려 두세요."

하나님은 어떤 오해를 받아도 충분히 감당해 나가실 수 있는 유일한 존재이시다. 욥도 감당하지 못했고 우리 역시 감당할 수 없지만, 하나님은 감당하실 수 있다. 만일 우리가 오해를 받는 상황에 있다면 가능한 빨리 그 상황을 풀려고 애쓸 것이다. 하지만 성 어거스틴은 "오 주님, 제 자신을 신원하려는 이 정욕으로부터 나를 구원하소서"라고 기도했다. 하나님은 그분 자신을 신원하지 않으신다. 아니, 의도적으로 온갖 종류의 비방을 다 감당하신다. 절대로 그 일을 해결하시기 위해 서두르지 않으신다.

우리는 번영, 행복, 도덕이 인간의 존재 목적이라는 생각을 가지고 있다. 하지만 성경에 따르면 인간의 목적은 "하나님을 영화롭게 하며 영원토록 그분을 즐거워하는 것이다."

하나님과 바른 관계에 있으면 그분은 자신의 명예를 우리 인생 가운데 두신다. 욥 역시 하나님이 그분 자신의 명예를 거신 사람들 중 하나였다. 하나님은 사람으로서는 헤아릴 수 없는 그분의 방법으로 욥을 다루셨다. 그리고 그 일이 진행되는 동안 욥은 절망 중에라도 하나님을 향한 깊은 확신을 버리지 않았다. 주님은 "누구든지 나로 말미암아 실족하지 아니하는 자는 복이 있도다"(마 11:5)라고 말씀하셨다.

오스왈드 챔버스의 욥기

CHAPTER 06

끝없는 의문

• 욥기 8장

당신이 빈 조개껍데기처럼 자신을 비울 수 있다면
주님은 당신을 대양 가운데서 찾아내어
"이것은 죽지 않았다" 라고 외치실 것이다
그러고는 비어 있는 당신 안에 그분 자신을 채우실 것이다

하지만 당신 자신으로만 가득 차서 악한 행동을 한다면
주님은 이렇게 말씀하실 것이다

"이것은 속이 꽉 차 있구나 그냥 내어 버려라
너무 작은데 꽉 차 있으니 나를 위한 여지가 없다"

– 토마스 에드워드 브라운(Thomas Edward Brown)

빌닷은 욥을 정죄하는 방법이 엘리바스와는 사뭇 다르다. 엘리바스는 욥이 뭔가를 잘못했다고 직접 선언한 반면, 빌닷은 질문을 하는 방법으로 욥을 정죄했다. 그 둘은 욥의 고난의 원인이 무엇인지 감도 잡지 못했다. 우리에게는 "그래, 그렇지만…" 하고 말하면서 따지는 면이 있다. 누군가가 숨도 못 쉴 만큼 힘든 문제를 당하더라도 그것이 당사자의 문제가 아니면 별다른 의미가 없다. 빌닷은 욥의 고난에 있어서 진짜 문제가 무엇인지 전혀 알지 못했다. 우리는 고난 당하는 자들을 향한 우리의 태도를 조심해야 한다. 즉, 나의 관점이 유일하게 옳을 것이라고 생각하는 큰 실수를 범하지 말아야 한다. 빌닷은 심문대를 사용하려고 했다. 하지만 그의 질문들은 도리어 욥에게 혐오감을 주었다.

"어떻게"라는 고소장 8:1-2

> "수아 사람 빌닷이 대답하여 이르되 네가 어느 때까지 이런 말을 하겠으며 어느 때까지 네 입의 말이 거센 바람과 같겠는가"(8:1-2).

빌닷은 "왜 그렇게 말이 많느냐"고 하면서 욥의 입을 막았다. 그러나 그는 욥이 왜 말을 많이 하는지 그 이유를 찾으려는 노력은 전혀 하지 않았다. 입이 사납고 불경스러운 말을 하는 사람들 중에 상대방의 말을 주의해서 듣는 사람이 몇이나 있겠는가? 욥은 자신의 말을 이해해 주기만을 바랐지만, 아무도 그렇게 해 주지 않았다.

만약 누군가가 "욥은 과거 시대의 사람이니까 그의 이야기는 우리에게 적용되지 않아"라고 말한다면, 그것은 아주 부자연스럽게 화제를 바꾸는 것이다. 물론 다른 점들이 있겠지만, 욥기에 나타난 문제들은 오늘날에도 마찬가지로 나타나고 있다. 많은 사람들이 신약 시대의 성도가 구약 시대의 성도보다 뛰어나다고 주장한다. 하지만 어느 한쪽이 더 우등한 것은 결코 아니다. 예수 그리스도를 통해 받은 구속의 계시를 우리 입장에서 보면 과거이지만, 구약 시대의 입장에서 보면 장래에 주어질 계시였다. 욥은 문제의 핵심까지 내려가서 구속의 필요성을 발견했다. 반면 빌닷은 문제를 발견하기 위해 심문대와 경건한 용어들을 사용했지만, 실제로는 모든 것을 기피하고 있었다.

"어찌 하시겠는가" 8:3

> "하나님이 어찌 정의를 굽게 하시겠으며 전능하신 이가 어찌 공의를 굽게 하시겠는가"(8:3).

빌닷은 심각한 분위기 속에서 딴청을 피우는 꾀를 부린다. 이러한 부류의 사람들은 예상치 못한 상황을 맞을 때, 언제나 이렇게 행동한다. 우리도 마찬가지이다. 예상치 못한 상황에서 갑자기 자신의 정체가 드러나면 일단 다른 뭔가를 향해 딴청을 부린다(요 4:16-20 참조). 빌닷은 추상적인 말들을 나열하면서 욥의 문제는 이해하기가 어렵지 않다는 식으로 말한다. 즉, 욥의 고난은 그의 잘못 때문이며 이에 대한 하나님의 심판은 완벽하게 옳다는 것이다. 이처럼 어떤 추상적인 것을 마치 분명한 사실인 것처럼 끈질기게 고집부리는 사람과 계속 대화하는 것은 참으로 힘든 일이다.

"만일"의 문제점 8:4–6

> "네 자녀들이 주께 죄를 지었으므로 주께서 그들을 그 죄에 버려두셨나니 네가 만일 하나님을 찾으며 전능하신 이에게 간구하고 또 청결하고 정직하면 반드시 너를 돌보시고 네 의로운 처소를 평안하게 하실 것이라"(8:4–6).

문제가 심각해지면 언제나 "만일", "하지만", "어떻게 하면" 등의 제안을 하는 사람들이 나타나 우리를 더욱 엉뚱한 곳으로 끌고 간다. 만일 우리의 문제가 다른 사람에 의해 풀릴 수 있다면, 그 문제는 문제가 아니라 단지 혼란스러운 일일 뿐이다. 우리가 삶의 본질적인 문제에 봉착한다면, 그 문제는 인생을 디자인하신 하나님 외에는 아무도 답해 줄 수 없다. 우리는 욥과 같은 문제에 빠질 때, 그 문제를 해결해 주겠다면서 성가시게 구는 사람들을 만나게 될 것이다. 만일 욥의 친구들이 그를 만난 처음 7일처럼 그들이 이해할 수 없는 것에 잠잠했더라면, 욥에게 큰 도움이 되었을 것이다. 정말로 그랬더라면 하나님께 책망 받지도 않았을 것이다.

'기질의 복음'은 당신의 고통이 사소한 것에서 올 때 잘 맞아 떨어진다. 그때 당신에게 필요한 것은 따뜻한 차 한 잔이다. 하지만 당신이 억울함 가운데 무언의 항의를 할 때 누군가가 "힘 내!"라고 말한다면 그것은 모독이나 다름없다. 전쟁으로 남편과 아들을 모두 잃은 여인에게 "힘내서 밝은 면을 보세요"라고 말한다면, 그 말이 무슨 유익이 있겠는가? 철저한 암흑 가운데에 밝은 면이 있을 리 없다. 만일 하나님이 돕지 않으신다면 그녀는 참으로 비참할 것이다.

누군가가 이런 비참함 가운데 있는가? 그렇다면 먼저 잠잠하라. 편견에 기초한 '치유의 복음'은 자극제가 될 뿐이다. 빌닷은 자기만의 하나님에 대한 신조와 개념이 있었다. 그런데 그것이 욥의 경우와 맞지 않자, 욥을 그릇되게 판단하고 말았다.

"욥, 하나님에 대한 나의 관점은 틀릴 수 없네. 그러니 자네가 잘못된 게 확실하네."

뻔하고 상투적인 태도 8:7-10

> "청하건대 너는 옛 시대 사람에게 물으며 조상들이 터득한 일을 배울지어다 … 그들이 네게 가르쳐 이르지 아니하겠느냐 그 마음에서 나오는 말을 하지 아니하겠느냐"(8:8,10).

이 구절에서 빌닷이 취한 태도는, 정신병동에 있는 환자에게 "정신이 바르지 못한 것보다 바른 게 더 좋다"라고 말하는 것과 같다. 빌닷은 지금 욥이, 조상들은 경험하지 못한 문제를 당하고 있다는 사실을 부인하고 있다. 우리는 이전에 없던 고난의 요소가 생길 수 있음을 늘 잊어서는 안 된다. 테니슨(Tennyson)은 "추모"(In Memoriam)에서 이 점을 분명하게 밝히고 있다.

어떤 친구들은
고난은 온 인류에 평범한 것이라고 말한다
평범이란 날마다 흔하게 생기는 일이다
고난이 평범하다는 말은
아픔을 덜어 주는 것이 아니라 더 심하게 만든다
너무 흔하다!
아침은 결코 저녁까지 가지 않지만
어떤 마음은 산산조각이 난다

모두가 보편적으로 즐거움과 슬픔을 느끼는 상황이 있다. 그렇지만 사람마다 다 똑같을 수는 없다. 그런데 빌닷처럼 진부한 말을 하는 사람들은 이 점을 간과한다.

내가 경험하지 못하고 이해하지 못하는 깊은 문제를 겪는 사람을 위해서 우리가 할 수 있는 유일한 일은 조용히 입 다물고 불가지론자가 되는 것이다. 이때 고난을 당한 사람에게 가장 큰 위로는 많은 말이 아니라 말없이 전달되는 마음이다.

"당신이 당한 문제에 대해 어떤 말을 해야 할지 모르겠어요. 제가 할 수 있는 유일한 말은, 하나님만이 당신의 모든 것을 아신다는 거예요. 우리 함께 그분께 나아가요."

만일 욥의 친구들이 "자네가 겪는 이 일은 우리가 해결해 줄 수도, 이해할 수도 없는 문제지만, 하나님께서 자네를 위해 해결해 주실 거라 믿네"라고 했더라면 훨씬 더 핵심에 가까이 닿았을 것이다. 하지만 그들이 실제로 한 일은 '말꼬리를 붙잡고 따지는 일'이었고, 욥이 틀렸다고 결론 짓는 일이었다.

욥기의 마지막 장에서 하나님은 욥의 친구들의 말에 노하셨다고 표현하신다. 만일 인생의 바탕에 구속이 있지 않고 기도가 우리의 유일한 자원이 되지 않는다면, 우리는 "교묘히 만든 이야기를 따르게"(벧후 1:16) 될 것이다. 지금 이 전쟁 기간 동안 사람들은 계속해서 기도로 하나님을 의지해 왔다. 이는 너무나 약해져서가 아니라 인간의 한계를 느꼈기 때문이다. 우리는 인간의 한계를 넘은 일들을 당할 때마다 무의식적으로 하나님을 의지하게 된다.

엘리바스는 욥이 어떤 상태에 있는지 자신이 정확하게 알고 있다고 주장했다. 빌닷 역시 그랬다. 그래서 욥은 상처를 받았고, 그들은 여전히 상투적인 방법으로 문제를 해결하려고 시도했다. 위로자가 있어야 하는 자리는, 가르치는 자리가 아니라 말없이 벗이 되어 주는 자리이다. 고난 당한 자의 문제를 하나님께 아뢰는 자리이다. 고난 당하는 자들을 위해 우리가 할 수 있는 최고의 일은, 진부한 말들을 하거나 질문을 하는 것이 아닌 하나님의 존전으로 나아가 아뢰는 것이다. '위대한 일들'은 언제나 기도를 통해 성취된다(요 14:12-13 참조). 그러나 욥의 친구들은 그를 위해 단 한 번도 기도하지 않았다. 그들은 고난 당하는 욥을 대하면서 자신들의 교리가 맞다는 주장을 하는 데만 열을 냈다.

인간은 인생을 다 이해할 수 없다. 인생은 현재의 우리를 만들고, 그 인생은 하나님께 속해 있다. 만일 내가 어떤 것을 이해하고 정의내릴 수 있다면 나는 그것의 주인이다. 그러나 나는 인생의 어느 것 하나 완벽하게 이해하거나 정의내릴 수 없다. 물론 하나님을 이해하거나 정의내릴 수도 없다. 따라서 나는 내 삶에 대해서도, 하나님에 대해서도 주인이 될 수 없다. 이성주의는 항상 하나님을 대항한다. 논리와 이성은 늘 정의를 내리고자 시도하지만 그럴 수 없을 때는 무조건 거부하는 성향이 있다. 이성적인 바탕 위에서 정의내릴 수 없는 것은 그것이 무엇이든 부인한다. 이성주의는 인생을 구성하는 근본적인 것들을 결코 정의내릴 수 없다는 점을 망각하고 있는 것이다.

오늘날 이러한 근본적인 것들에 대해 잘못 가르치는 교사들이 있다. 그들은 자신들이 도와줄 수 있다고 큰소리치지만 그것은 해를 끼칠 뿐이다. 어떤 것에 대해 알 권리가 없는 사람이 그것을 아는 것은 범죄이다. 맨 처음 하나님의 저주가 선포된 때는 아담이 선악을 아는 나무의 실과를 먹은 때였다. 하나님은 아담이 예수 그리스도께서 선과 악을 아는 방법으로 선악을 알기를 원하셨다. 즉, 하나님 아버지께 순종함으로써 선과 악을 알게 되기를 바라셨다. 하지만 아담은 하나님께 반란을 일으키는 범죄를 지었다. 그 이후 인간은 하나님께 자연스럽게 순종하는 것이 불가능하게 되었고, 순종을 통해 선과 악을 알 수 있는 자는 아무도 없게 되었다. 우리는 위로부터 거듭난다. 거듭난 자들은 삶의 저변에 있는 근본적인 것들을 신중하게 다루어야 한다.

"할 수 있겠느냐?"는 질문 8:11

"왕골이 진펄 아닌 데서 크게 자라겠으며 갈대가 물 없는 데서 크게 자라겠느냐"(8:11).

빌닷은 자연법칙을 예로 들면서 논리적으로 자기주장을 펼치고 있다. 우리 역시 이와 같은 방식으로 경험하지 못한 죽음까지 설명하려는 경향이 있다. 하지만 성경은 결코 그렇게 하지 않는다. 예를 드는 것은 단지 거울과 같은 것일 뿐, 그 자체가 주제가 되어서는 안 된다. 만일 당신이 자연법칙을 예로 들어 영적인 삶에 적용하려 한다면, 당신은 자연법칙이 영적인 세계에서는 적용되지 않는다는 사실을 부인하는 셈이 된다. 무엇보다 법칙이라는 것은, 어떤 구체적인 사건이 아니라 무언가를 설명하기 위해 세워 놓은 추상적인 지적 체계이다. 다음 성경 말씀을 읽어 보라.

"내가 전에 너희에게 보낸 큰 군대 곧 메뚜기와 느치와 황충과 팥중이가 먹은 햇수대로 너희에게 갚아 주리라"(욜 2:24).

하나님이 말씀하신 이 사건은 자연법칙에 의한 것이 아니었다. 영적인 세계로부터 발생한 것이었다. 그러기에 이와 같은 일이 똑같이 반복되는 것은 불가능하다. 하지만 영적인 세계에서 이 사건은 예수님이 가능하게 하신 또 다른 사건들과 같은 특성을 지닌다.

"예수께서 대답하여 이르시되 진실로 진실로 네게 이르노니 사람이 거듭나지 아니하면 하나님의 나라를 볼 수 없느니라"(요 3:3).

분명한 사실은 자연 세계에 법칙이 있듯이 영적인 세계에도 법칙이 있다는 것이다. 즉, 영적인 세계의 사건들을 설명할 수 있는 방법이 따로 있다는 말이다. 하지만 자연 세계의 법칙과 영적인 세계의 법칙은 완전히 다르다. 빌닷은 성급하게 자연법칙을 예로 들어서 욥에게 적용하고 있다. 뿐만 아니라 그는 욥이 당한 사건보다 자신이 든 예가 그 사건을 제대로 설명하고 있는지에 대해 더 많은 관심을 쏟고 있다.

만일 당신이 논객이라면 논쟁에서 이겼음에도 불구하고 뭔가 찜찜한 기분을 느낀 적이 종종 있었을 것이다. 그것은 논쟁에서는 이겼을지라도 현실에서는 그렇지 못하기 때문이다. 당신은 논쟁으로 만사의 근원에 닿을 수 없다. 예수님은 논쟁이 있을 때마다 '차선의 자리'로 내려가셨다. 그것은 사실 '넉넉한 승리자'의 모습으로 내려가신 것이다. 예수님은 완전히 영적인 세계에서 사셨다. 그곳에서 지식은 전혀 필요 없다. 지식은 도구일 뿐 인도자는 아니다.

경건의 실천 8:12-22

"하나님은 순전한 사람을 버리지 아니하시고 악한 자를 붙들어 주지 아니하시도다"(8:20).

빌닷은 그의 지식의 영역을 넓히고 있다. 하지만 이는 하나님과의 인격적인 관계에 기초하지 않은 인간적인 경건에서 나온 간교함이었다. 빌닷은 내내 욥을 비난하면서 추상적인 말들을 해 왔고, 지금은 욥이 위선자이며 사기꾼이라고 말하고 있다. 빌닷이 욥을 그렇게 몰고 간 이유는 그의 비열함 때문이 아니라 그의 '한계' 때문이었다. 그는 '자신만으로 충만할 뿐'이었다. 이때 욥은 하나님을 만나 뵐 수 있는 곳으로 점점 가까이 다가가고 있었고, 빌닷은 그 반대였다. 빌닷은 하나님을 개인적으로 경험한 적이 없었다. 자신의 신조만 가지고 있을 뿐이었다. 만일 그가 참 하나님을 알았더라면 주께 기도드렸을 것이고, 욥의 문제가 그가 이해하기에는 너무 크다는 사실을 인식했을 것이다. 우리도 하나님을 신뢰하기보다 자신의 신조를 신뢰하면, 빌닷과 다를 바 없는 '돌팔이'가 되고 만다. 하나님과의 관계보다 자신의 신조를 앞세우는 것은 '내 권리로 잘못된 일을 조장하는' 행위이다.

수많은 사람들이 전쟁을 경험하면서 자신의 신조와 실제 하나님이 크게 다름을 발견하게 되었다. 처음에는 자신들이 믿는 신조에 대한 확신을 잃고 신앙이 크게 흔들렸지만, 얼마 후에는 참 하나님을 만나 믿음을 굳게 세웠다. 즉, 그들이 드디어 실체를 접한 것이다. 만일 실체가 하나님 안에서 발견되지 않는다면, 하나님은 아무 곳에서도 발견되지 않을 것이다. 하나님이 당신에게 단지 신조나 종교적인 이념이라면, 당신은 그분의 실제를 만나지 못한 것이다. 그러나 인자하신 하나님은 이런 우리를 위해 자신을 직접 나타내시고 만나 주신다.

오스왈드 챔버스의 욥기

CHAPTER 07

공평한 저울을 가진 판결자

• 욥기 9–10장

용사들이여!
전부 쏟아내고 용감하게 행하라
오, 어떤 공격에라도
안전한 포탑과 보루에서 나와
앞으로 전진하라 영원히 나아가라

아수라장이 된 중앙에서
쓰러지더라도 또다시 일어나라

– R.L. 스티븐슨(R.L. Stevenson)

불가지론은 우리가 생각하는 것처럼 언제나 통탄할 만한 것은 아니다. 지적 불가지론을 인정하는 것은 건강한 것이다. 문제는 오히려 불가지론을 인정하지 않는 데서 발생한다. 불가지론자가 된다는 말은 내가 알지 못하는 것이 있음을 인정한다는 것이다. 만일 내가 좀 더 알게 된다면, 이는 오직 계시에 의해서만 가능하다는 사실을 인정하는 것이다.

하나님의 우주적인 굴절 9:1–12

만일 당신이 예수 그리스도께서 나타내신 하나님을 받아들인 후에 물리적인 우주의 질서를 본다면, '하나님의 우주적인 굴절'이라는 표현의 의미가 무엇인지 발견하게 될 것이다. 세상의 질서 속에서 하나님을 보면 굴절되어 보인다. 우리의 이성이 하나님을 왜곡해서 바라보기 때문이다. 그래서 이런 시각으로는 하나님을 도저히 이해할 수 없다.

하나님은 이 우주 내에 굴절된 일들을 허락하신다. 그리고 그 일들은 인간의 생각대로 결코 진행되지 않는다. 욥이 이 구절에서 하는 말은 "만일 전능자 하나님께서 나를 대적하기로 작정하셨다면 내가 어디에 설 수 있으리요?"라는 뜻이다. "사람이 하나님과 다툴지라도 그는 하나님께 아무런 답변도 할 수 없을 것이다." 옛 시인 조지 허버트는 다음과 같은 시를 남겼다.

전능자여, 저를 대적하지 마시고 저를 위하소서!

욥의 고통과 괴로움의 원인은 기질적인 것이 아니었다. 그는 만사의 중심까지 끌려가 그곳에서 비극과 괴리를 발견했다. 그곳에서 빠져나오는 유일한 길은 구속밖에 없었다. 오늘날의 우리 역시 욥과 비슷한 일을 겪게 된다.

"만일 하나님이 사랑이시라면, 왜 그분은 독수리가 참새를 죽이도록 허락하시는가?"

이에 대해 테니슨은 "자연은 그 이빨과 손톱에 피가 묻어 있다"라고 표현했다. "왜 그분은 어떤 동물이 다른 동물을 잡아먹도록 허락하시는가?", "왜 그분은 나라들이 서로 전쟁하는 것을 허락하시는가?" 등의 문제들은 잠깐 지나가는 문제가 아니라 실제이다. 이러한 세상에서 우리가 할 수 있는 유일한 일은 실제를 부인하거나 "나는 불가지론자"라고 고백하는 것이다. 욥이 당한 일을 볼 때, 결코 하나님이 사랑이신 것처럼 보이지 않는다. 하지만 욥은 여전히 하나님은 자비하신 분이라고 믿었다. 반면 욥의 친구들은 그의 말을 부인하며 이런 식으로 말했다.

"하나님이 굴절되어 보이는 이유는, 자네가 굴절되어 있기 때문이네."

'우주의 힘'은 하나님을 무뚝뚝하고 잔인한 존재로 보이게 만든다. 만일 당신이 어떤 까다로운 신조를 특별하게 변호하는 자라면,

실제에 대해 눈을 감아야만 할 것이다. 그렇지 않고 온전한 실제를 보길 원한다면, 만사의 근원에는 뭔가 잘못된 것, 즉 굴절이 있다는 성경의 계시를 받아들여야 할 것이다. 사도 바울은 피조물이 궤도에서 벗어나 왜곡되어 있다고 말한다. 그래서 피조물은 "하나님의 아들들이 나타나는 것"(롬 8:19)을 기다리고 있다. 그때까지 이 문제는 계속 남아 있을 것이다.

이 세상을 현미경이나 망원경으로 들여다 보기를 권한다. 그러면 무한하게 작은 것들과 무한하게 큰 것들을 보면서 '나'라는 존재가 한없이 작아지는 것을 느끼게 될 것이다. 우주의 힘에 접하게 될 때, 당신은 지식적으로 무지함을 느끼는 것은 물론이고, 그 안에 있는 어떤 '거친 문제'도 접하게 될 것이다. 자연은 거칠며 순량하지 않다. 그 누구도 우주의 수수께끼를 풀 수 없다. 그 이유는 우주는 '정상'이 아니기 때문이다. 이 우주를 정상으로 만들 수 있는 유일한 것은, 사람의 이성이 아니라 예수 그리스도의 구속 안에 나타나는 하나님의 지혜이다. 그리스도인은 지적으로 불가지론자가 될 것을 맹세한 자들이다. 그들은 "나는 내 지식의 한계에 닿았다. 그래서 예수 그리스도에 의해 주어지는 하나님의 계시를 겸허하게 받아들인다"라고 고백한다.

선에 대한 재고 9:13-20

"하물며 내가 감히 대답하겠으며 그 앞에서 무슨 말을 택하랴 가령 내가 의로울지라도 대답하지 못하겠고 나를 심판하실 그에게 간구할 뿐이며"(9:14-15).

'재고'(再考)는 이전의 판단을 다시 고려해 보는 것을 의미한다. 대부분의 사람들이 처음에는 하나님은 선하시고 자비하시다고 믿는다. 또한 그분을 의지하는 자들을 형통하게 하신다고 믿는다. 욥도 그렇게 믿었다. 하지만 이제 그는 자신의 믿음에 대해 재고하고 있다. 이러한 행동은 악한 것이 아니다. 우리 역시 하나님에 대한 우리 자신의 신조를 재고하게 만드는 사건을 경험하곤 한다.

하지만 엘리바스와 빌닷은 자신들이 믿는 그대로 밀고 나갔다. 그들의 목표는, 오로지 "욥은 불한당"이라는 판결을 내리는 것 같아 보일 정도이다. 이런 사람들은 늘 상대방에게서 결함을 찾아내려고 한다. "하나님에 대한 나의 관점은 틀릴 수가 없어"라고 하면서 말이다. 빌닷과 엘리바스는 자신들이 틀릴 수도 있다는 사실을 용납하려 하지 않았다. 그들은 그들의 관점에 한계가 있다는 점도 부인했다. 바로 이럴 때, 말썽이 일어난다. 빌닷은 욥에게 "만일 자네가 올바르게 살아왔다면, 지금 같은 고난을 겪지 않았을 걸세"라고 말했다. 이에 욥은 "나는 올바르게 살아왔네. 그럼에도 불구하고 모든 나쁜 일이 내게 일어난 것일세"라고 대답했다. 이렇듯 욥은 자신의 신조가 아닌 '사실'을 지속적으로 붙들고 있었다.

인간은 하나님에 대한 자신의 관점이 틀렸음을 깨닫게 될 때, 큰 고통을 느낀다. 이때 그 고통이 하나님의 영광을 위한 것이라고 거짓 말하지 마라. 그렇게 하는 것은 아주 쉬운 일이다. 하지만 욥은 그것을 거부했다. 그는 하나님을 의심하지 않았고, 하나님의 존재에 대해서도 망설이지 않았다. 하나님에 대한 친구들의 말이 그릇될 때는 언제나 긴 열변을 토할 자세를 취하고 있었다.

판결자를 기다림 9:21-35

> "하나님은 나처럼 사람이 아니신즉 내가 그에게 대답할 수 없으며 함께 들어가 재판을 할 수도 없고 우리 사이에 손을 얹을 판결자도 없구나"(9:32-33).

여기서 욥은 하나님에 대한 새로운 개념을 표현하고 있다. 그는 하나님도 맞고 자신도 맞다고 입증해 줄 판결자가 나타나주기를 소망하고 있다.

"내 신조와 관점, 어떤 경험으로도 이 문제를 풀 수 없다."

욥을 여기까지 내몬 것은 다름 아닌 '비통'이었다. 기쁨이나 형통은 그렇게 하지 못한다. 오직 비통만이 이러한 일을 해낸다. 구원자 예수 그리스도의 삶에서 가장 위대한 요소는 바로 "여호와께서 그에게 상함을 받게 하시기를 원하사 질고를 당하게 하신"(사 53:10) 부분이다. 고통이 닥치면 인간은 곧 격렬하게 반응하게 된다. 그 고통이 너무 커서 독한 말을 마구 쏟아내기도 한다. 하지만 마침내는 바른 관점을 갖게 된다. 즉, 모든 만사의 근원은 비극이라는 관점을 갖게 된다.

만사가 잘 풀리고 마음이 행복할 때는 "이 정도면 세상은 아주 살 만한 곳이지. 정말 최고야"라고 말할 수 있다. 하지만 현실은 이와 다르다. 성경은 왜 이 세상이 최고가 아닌지 끊임없이 계시하고 있다. 물론 하나님이 처음 창조하신 세상은 최고였다. 하지만 이제는 최악이 되고 말았다. 비통함을 경험한 사람은 이 세상이 최악임을 분명히 알게 된다. 그래서 그들은 공평한 저울을 가지고 있는 판결자를 고대하게 되는 것이다.

욥에게 "하나님은 없다"라고 말하거나 "당신은 고통을 당하는 게 아니야"라고 말하는 것은 아무 소용 없는 일이다. 그는 하나님도 고통도 아주 많이 경험했기 때문이다. 뿐만 아니라 욥의 신조가 그와 하나님 사이에서 중재해 줄 판결자가 될 것이라고 말하는 것도 아무 소용 없는 일이다. 많은 문제들이 여전히 해결되지 못한 상태로 남아 있을 것이기 때문이다. 욥은 살아 있는 '실체'를 필요로 했다. 자신의 신조에 만족하며 사는 사람은 하나님과의 인격적인 만남을 두려워하거나 거절하는 성향이 있다. 그러나 살아 있는 기독교의 가장 중요한 핵심은, 그 사실을 부인하는 것이 아니라 하나님과의 인격적인 관계를 맺는 것이다. 욥은 비통에 빠진 가운데 점점 문제의 핵심에 다가서고 있었다.

진실한 욥 10:1-17

욥이 자신의 비통에 대해 마지막으로 언급하는 내용이 나온다. 그 내용은 아주 분명하면서도 멋지다. 욥은 하나님이 자신을 거절하는 것처럼 보이는 상황에서 이렇게 혼잣말을 하고 있다.

> "주께서는 내가 악하지 않은 줄을 아시나이다 주의 손에서 나를 벗어나게 할 자도 없나이다 주의 손으로 나를 빚으셨으며 만드셨는데 이제 나를 멸하시나이다"(10:7-8).

욥은 자신이 아는 사실에 근거해서 하나님에 대한 자신의 생각을 계속 말했다. 대부분의 사람들은 사실을 직면하기보다 하나님의 영광을 위한다고 하면서 거짓을 말하곤 한다. 하지만 욥은 진실하게 행했다. 맹신자는 구제할 수 없는 무지에 깊이 빠진 사람이다. 반면 욥은 그가 아는 사실과 상충되는 그 어떠한 것도 받아들이려 하지 않았다. 그렇다고 해서 신경질적이지도 않았고 하나님에 대해 잔인하다고도 말하지 않았다. 그는 단지 사실만을 말했다.

"하나님이 아무 이유 없이 나를 거절하시는 것 같다네. 하지만 나는 이 일을 모르는 채 하지 않고 끝까지 그분을 붙들겠네."

욥은 좋은 게 좋다는 식으로 자신의 영혼에 '아첨의 기름'을 붓지 않았다. 진리를 말하는 사람은 결코 다른 사람에게 걸림돌을 놓지 않는다. 진리를 말하는 것은 언제나 하나님께 영광이 된다. 만일 하나님이 당신을 위해 어떤 일을 하셨다면, 당신은 분명히 그것을 알 것이다. 하지만 그렇지 않을 경우, 다른 사람들을 위해 하나님이 그 일을 하셨다고 거짓말하지 마라. 욥은 진리를 말했기에 마침내 하나님과 대면할 수 있었다.

피난처를 향한 갈구 10:18-22

> "내 날은 적지 아니하니이까 그런즉 그치시고 나를 버려두사 잠시나마 평안하게 하시되 내가 돌아오지 못할 땅 곧 어둡고 죽음의 그늘진 땅으로 가기 전에 그리하옵소서"(10:20-21).

욥은 "자신에게는 빠져나갈 길이 없다"고 말하고 있다. 이렇게 말하는 이유는, 그가 약해서라기보다는 완전히 소진되었기 때문이다. 지금 그는 울화통이 터져서 말하고 있는 것이 아니라, 하나님이 피난처가 되어 주지 않으시면 죽음 외에는 피할 길이 없다고 말하고 있는 것이다. 성경을 보면, 인생의 모든 위기마다 피난처 되시는 하나님이 강조된다. 하지만 인간은 비통함을 느끼지 않는 한 하나님을 찾지 않는다. 생각하기를 거절하는 연약함과 사실 그대로를 직면하는 데서 오는 연약함은 완전히 다르다. 욥은 난생 처음으로 하나님만이 유일한 피난처 되심을 깨달았다. 즉, 하나님만이 그의 유일한 탈출구였다. 그러나 그의 신조대로라면 그는 하나님께 닿을 수 없었다. 그래서 그가 할 수 있는 유일한 일은 자신을 하나님께 내어맡기는 것뿐이었다.

바로 이것이 구속의 바탕에 깔려 있는 것이다. 죄를 깨달을 때(인생의 근원에 어떤 문제가 있는지 가장 직접적으로 알게 되는 계기), 인간은 자신이 그 짐을 감당할 수 없다는 것을, 그리고 그 죄를 스스로 용서받을 수 없다는 것을 알게 된다. 만일 하나님이 무조건 용서해 주신다면, 우리는 하나님을 불의하다고 판단하게 될 것이다. 또한 우리가 무조건 용서를 받는다면, 용서는 우리에게 해가 될 뿐 아니라 무조건 용서하시는 하나님께도 용납되지 않는 약점이 생기게 될 것이다. 하나님의 용서가 거룩과 올바름의 질서를 세우지 못한다면, 그것은 비열하고 가증스러운 것이 될 것이다.

인간의 문제는 인간이 스스로 해결하기에 너무 크다. 하지만 자기 자신을 담대하게 주께 내어던지면, 욥이 고백한 피난처를 발견하게 될 것이다. 빠져나올 수 없는 문제에 갇힐 때까지, 우리는 결코 구속과 용서를 깨닫지 못하게 될 것이다. 그리고 바로 그때 우리는 왜 하나님을 의지해야 하는지에 대해 이해하게 되고, 그분을 의지할 때 완전한 쉼을 누리게 될 것이다. 현재까지 욥은 아무 곳에서도 피난처를 얻지 못했다. 그러나 이제 그는 피난처를 갈구하기 시작했다.

성령님이 임하면, 문제들이 해결되는 것이 아니라 그 문제들을 다룰 수 있는 피난처를 얻게 된다. 고통 받는 사람들이 마음의 쉼을 얻게 된다. 그 가운데 모든 일을 하나씩 이해하게 되고 하나님과의 관계를 회복하게 된다.

오 스 왈 드   챔 버 스 의   용 기

CHAPTER 08

멈추지 않는 공격

• 욥기 11장

완전하신 당신이 행하시는 일들 속에서
당신을 의롭다고 여길 수 있는
지식과 지혜, 통찰력과 이해력이 제게는 없습니다

당신은 저를 이 자리까지 인도하셨습니다
오! 주님이 제게 행하신 일을
저는 선하다고 말할 수 없습니다

제가 부르짖을 수 있는 것은
'창조주께서 원수를 제거하지 않으셨으나
어느 날 당신께서 원수를 만나실 것이며
그 원수는 당신의 눈앞에서 사라질 것'이라는 사실입니다

– 조지 맥도널드(George MacDonald)

자존심이 상해서 터져나온 분노 11:1-4

"나아마 사람 소발이 대답하여 이르되 말이 많으니 어찌 대답이 없으랴 말이 많은 사람이 어찌 의롭다 함을 얻겠느냐"(11:1-2).

소발은 욥의 언어의 특징을 지적하고 있다. 그는 욥이 말이 많다고 비난하고 있다. 그리고 자신의 생각을 말하는 와중에 이성을 잃을 정도로 흥분한다. 만일 당신이 어떤 사람 때문에 짜증이 나 있고 도저히 이해할 수 없어 불편을 느낀다면, 당신은 자존심이 상해서 화를 낼 것이다. 이미 소발은, 욥은 틀렸고 오직 자신만이 옳다는 결론에 이른 상태이다. 그의 분노는 누군가가 자존심을 건드릴 때 드러나는 흔한 반응이다. 우리는 뭔가 잘난 척을 하고 싶어지면, 자신은 수십 배나 더 악한 죄를 지으면서도, 자신이 짓지 않은 죄를 누군가가 지으면 그를 무섭게 정죄하며 의로운 분노를 표출하는 성향이 있다.

하나님의 이름을 이용함 11:5-10

"하나님은 말씀을 내시며 너를 향하여 입을 여시고 지혜의 오묘함으로 네게 보이시기를 원하노니 이는 그의 지식이 광대하심이라 하나님께서 너로 하여금 너의 죄를 잊게 하여 주셨음을 알라 네가 하나님의 오묘함을 어찌 능히 측량하며 전능자를 어찌 능히 완전히 알겠느냐"(11:5-7).

우리는 분명하지 않은 자기주장을 내세우기 위해 종종 '하나님을 불러대곤' 한다. 여기서 소발은 욥을 공격하기 위해 하나님을 부르면서 마치 그분이 자기편인 양 말하고 있다. 우리 역시 기도할 때 이런 모습을 보이곤 한다. 즉, 그릇된 상태에서 반복적으로 하나님의 이름만 부르는 것이다. 이때 드리는 기도는 전심으로 드리는 기도가 아니다. 하나님 앞에서 드리는 기도가 아닌 사람 앞에서 하는 기도이다. 이런 기도는 아무리 고상하게 들리고 사람들의 관심을 끌지라도 전혀 진실하지 않다.

하나님을 엉터리로 불러대는 또 다른 형태는 전쟁 중에 하나님의 임재를 느끼려고 하는 대신, 하나님이 이 나라를 벌하고 계신다는 식의 사고와 연결되어 나타난다. 어떤 문제를 직면할 때 도저히 이해할 수 없다면, 함묵하고 겸허한 자세를 취하라. 그리고 전심으로 하나님의 이름을 부르라. 만약 당신이 하나님을 다 안다는 착각 속에서 그분을 불러댄다면 그것은 신성모독이나 다름없다.

자기 자신을 높임 11:11-15

"네 손에 죄악이 있거든 멀리 버리라 불의가 네 장막에 있지 못하게 하라 그리하면 네가 반드시 흠 없는 얼굴을 들게 되고 굳게 서서 두려움이 없으리니"(11:14-15).

소발은 철저하게 그릇된 토대 위에서 욥을 가르치려 하고 있다.

그는 욥이 지혜를 얻은 적이 한 번도 없다고 선언하고 있다. 그는 자신보다 훨씬 뛰어난 사람에게 "허망한 사람은 지각이 없나니 그의 출생함이 들나귀 새끼 같으니라"(11:12)는 장황한 말을 반복하고 있다!

소발은 처음에는 자존심을 건드린 데서 나오는 분노를 표출했다. 그러더니 후에는 종교적인 연설을 했고, 지금은 자기 자신을 가르치는 선생으로 높이고 있다. 이러한 종류의 가르침의 특징은 '자의식이 강하다'는 것이다. 도덕적인 삶을 위한 가장 중요한 가르침은, 결코 우리를 의식적으로 가르치는 사람들로부터 오지 않는다. 그 이유는 도덕은 지식처럼 배울 수 있는 것이 아니기 때문이다.

만일 우리가 지식을 배울 때의 교육 방식 그대로 도덕적인 삶을 배우기 위해 누군가를 선생으로 삼는다면, 어떻게 되겠는가? 아마도 그 선생은 자기 스스로를 도덕적으로 훌륭하다고 여기고 다른 사람들은 무시하게 될 것이다. 만약 그렇다면 이 계획은 벌써부터 실패한 것이다. 소발이 욥에게 한 짓이 바로 이것이다. 소발은 자기 자신이 욥보다 우월하다고 여겼지만 실제로는 그렇지 않았다.

도덕적인 가르침의 실제 토대는 더욱 깊은 곳에 놓이는데, 그것은 바로 하나님이다. 그분은 어린아이들, 책들, 꽃들 같은 평범한 요소들을 통해 우리를 가르치신다. 또한 남을 가르칠 자격이 있다고 스스로 믿는 교만한 사람들을 통해 가르치지 않으신다. 기독교 역사 가운데 소발 같은 사람들은 늘 있어 왔다. 그들은 지극히 평범함에도 불구하고 자신들이 무언가를 안다고 확신하면 이렇게 착각했다.

"영적인 일에 정통한 사람들이 이런 것도 모른다면, 이를 다 아는 나는 도대체 누구인가!"

영적인 문제에는 전문가가 없다. 있더라도 그는 결코 자신을 전문가라고 의식하지 않을 것이다. 이는 영적인 교육의 특징이 그 교육 자체를 의식하지 않는 것이기 때문이다. 영적인 교육은 과시가 아닌 순종으로 나타난다. 예수님은 마태복음 18장 4절에서 영적인 전문가가 누구인지에 대해 언급하셨다.

> "그러므로 누구든지 이 어린아이와 같이 자기를 낮추는 사람이 천국에서 큰 자니라."

자기 만족에 빠짐 11:16-20

> "곧 네 환난을 잊을 것이라 네가 기억할지라도 물이 흘러감 같을 것이며 네 생명의 날이 대낮보다 밝으리니 어둠이 있다 할지라도 아침과 같이 될 것이요."(11:16-17).

소발은 무엇이든 혀로 다스리려는 유형의 사람인 듯하다. 절대화된 인간의 교리가 그와 같은 유형의 사람들을 만들어 낸다. 이런 사람들은 사실에 입각한 주장을 펼치지 않고 감성의 절정에서 자기주장을 펼치는데, 그때는 이미 정상적인 사고가 마비된 때이다. 연설가는 이런 식으로 인간의 감성을 건드려 사람들을 설득하지만, 실제 문제를 다루는데 있어서는 올바른 방식이 아니다. 마음이 무너진 사람에게 무례한 조언을 하게 되기 때문이다.

만일 당신이 '소발' 같은 유형의 종교인이라면, 종교적인 분노를 터트리게 될 것이다. 그러고 나서는 하나님이 자신과 같은 선상에 있다고 결론을 짓고-즉, 나는 결코 실수할 수 없다-다른 사람들을 가르치려 할 것이다. 그러다 마침내는 '그릇된 빛' 아래 모든 것을 가두게 될 것이다.

오스왈드 챔버스의 욥기

CHAPTER 09

집요한 추적

• 욥기 12–14장

참된 종교는
하나님이 살아 계시다는 사실에
모든 것을 건다

– 도날드 행키(Donald Hankey)

편협한 주장에 반발함 12:1–5

> "욥이 대답하여 이르되 너희만 참으로 백성이로구나 너희가 죽으면 지혜도 죽겠구나 나도 너희 같이 생각이 있어 너희만 못하지 아니하니 그 같은 일을 누가 알지 못하겠느냐"(12:1–3).

욥은 친구들이 그가 상식도 없다는 식의 편협한 주장을 펼치며 나오자 반발하고 나섰다. 만일 당신이 깊이 있는 누군가와 대화를 한다고 가정해 보라. 그때 그는 당신의 말에 주의를 기울이지 않는 것처럼 보일 수 있다. 왜냐하면 이미 알고 있는 내용이기 때문이다. 그런데 우리는 이럴 때, 그가 상식이 없다고 평가한 다음, 자신의 얄팍한 생각으로 돌아간다. 욥의 친구들처럼 말이다. 욥은 그런 친구들에게 이렇게 말하고 있다.

"나는 지금 자네들이 상상하지도 못한 문제들과 직면하고 있다네. 만일 자네들이 내가 무엇을 해야 하는지 대답해 줄 수 없다면, 나와 함께 이 문제 속으로 뛰어들어 주든지, 아니면 그냥 입을 다물어 주게나."

진리를 포기한 맹신자 12:6–25

> "이것들 중에 어느 것이 여호와의 손이 이를 행하신 줄을 알지 못하랴 모든 생물의 생명과 모든 사람의 육신의 목숨이 다 그의 손에 있느니라"(12:9–10).

욥은 친구들이 하나님의 영예를 위한다면서 거짓을 말하는 것에 대해 비난하고 있다. 하나님보다 신학을 앞세우는 것의 위험을 지적하고 있는 것이다. 신학을 앞세우는 사람은 자신의 관점을 일관되게 지켜 나가기 위해 거짓을 말하게 된다. 여기서 욥은 하나님이 틀렸다는 관점으로 말하는 것이 아니라 친구들이 가지고 있는 종교적인 개념들이 옳지 않다고 말하고 있다. 욥이 언급한 것들은 상식적이며 분명한 것들이었다. 그런데 그의 말은 지금까지 그가 믿어왔던 신조와도 상충되고, 친구들이 억지로 그의 목구멍까지 밀어 넣고 있는 신조와도 상충된다.

당신은 자신의 종교적인 확신에 충성하겠는가, 아니면 살아 계신 하나님께 충성하겠는가? 교단에 충성하겠는가, 아니면 교단을 세우신 하나님께 충성하겠는가? 단지 신학적인 논쟁을 위해 까다로운 사람이 되겠는가? 스코틀랜드의 교회 역사를 보면, 많은 사람들이 신학을 내려놓고 신학적인 논쟁을 위해 죽기까지 싸웠다. 하지만 오늘날 조직화된 교회는 이러한 것들을 반대한다.

"신학은 역사와 논리로 검증되며 종교는 체험으로 검증되어야 한다."

욥의 신조는 산산조각 났고, 결국 그는 "나는 하나님을 떠나지 않기 위해 내 신조를 떠난다"라고 말했다. 신학자가 신학적인 논쟁을 하다 보면, 어느새 하나님의 자리에 자신의 관점을 놓게 된다. 그러나 바울은 "논쟁하려는 생각을 가진 자가 있을지라도 우리에게나 하나님의 모든 교회에는 이런 관례가 없느니라"(고전 11:16)고 말했다.

영적인 삶과 논쟁을 함께 유지할 수 있는 사람은 거의 없다. 논쟁을 좋아하는 사람은 지적인 분야를 넓힐 수는 있어도 영적인 성숙은 이루지 못한다. 알렉산더 와이트 박사(Dr. Alexander Whyte: 1836-1921, 에딘버러대학 재학 당시, 챔버스에게 영향을 준 스코틀랜드 목사 - 역주)는 이 점에 대해 아주 탁월하게 표현했다.

> 오, 논쟁의 지독한 저주여! 오, 교만한 마음에 타오르는 반박의 혐오스런 열정이여! 형제들이여, 지옥의 입구를 피하듯이 논쟁을 피하라. 논쟁을 좋아하는 자들을 피하라. 그들이 자기주장을 하도록 그냥 내버려 두라. 그들이 말하도록 그냥 내버려 두라. 그들이 글을 써도 그냥 내버려 두라. 당신이 틀렸다고 따져도 그냥 내버려 두라. 그들이 당신을 비방해도 그냥 내버려 두라. 당신을 정죄하고 판단해도 그냥 내버려 두라. 그들이 당신을 매장하려 해도 그냥 내버려 두라. 사랑이 고통 당하는 것보다 하나님의 진리가 고통 당하도록 내버려 두라. 당신은 논쟁자가 될 수 있을 만큼의 신성을 가지고 있지 않다.

"그가 곤욕을 당하여 괴로울 때에도 그의 입을 열지 아니하였음이여 마치 도수장으로 끌려 가는 어린 양과 털 깎는 자 앞에서 잠잠한 양 같이 그의 입을 열지 아니하였도다"(사 53:7).

"욕을 당하시되 맞대어 욕하지 아니하시고 고난을 당하시되 위협하지 아니하시고 … 그가 채찍에 맞음으로 너희는 나음을 얻었나니"(벧전 2:23-24).

어거스틴은 이렇게 반복해서 기도했다.

"내 자신을 늘 변론하고자 하는 이 욕망을 치유해 주소서."

우리는 하나님이 어떤 강력한 능력을 주실 것이라고 생각하지만, 그분은 오직 한 개인 편에 서서 그렇게 역사하지 않으신다. 그러므로 우리가 물어야 할 질문은 "내가 하나님 편에 서 있는가?"이다. 데살로니가후서 2장에서 바울은 맹신자의 구제할 수 없는 무지에 대해 언급하면서 그들에게 속는 것은 스스로의 책임이라고 말한다. 욥은 이렇게 말한다.

"나는 하나님에 대한 내 정의가 옳다고 말하는 게 아니라, 하나님은 틀림없이 옳다는 것을 말하려고 하는 거라네. 나는 하나님에 대한 내 설명이 옳지 않음을 발견했네."

욥은 이렇게 하나님을 발견할 수 있는 올바른 노선에 서게 되었다. 당신은 어떠한가? 올바른 노선에 서 있는가, 아니면 당신이 한 말을 밀고 나가기 위해 진리까지 포기하고 고집스럽고 편협한 길에 서 있는가? 당신의 신앙은 하나님의 계시를 이해하는 선상에 있는가, 아니면 단지 맹목적인 권위에 서 있는가?

맹목적인 무지 13:1–12

"너희 아는 것을 나도 아노니 너희만 못하지 않으니라"(13:2).

이 성경 구절은 한 가지 관점만 붙들고 다른 모든 관점들에 대해서는 무지한 '맹신'을 표현하고 있다. 욥이 친구들에게 계속 분노한 이유가 바로 이것 때문이었다. 욥은 "내 경험에 의하면, 하나님은 자네들이 말한 것과 아주 다른 분이시네"라고 말하고 있는데 그의 말이 옳다.

우리는 어떤 신학적인 입장 위에 논리적인 체계를 세울 수도 있고, 이와 동시에 그것이 틀렸다고 삶에서 입증해 보일 수도 있다. 예를 들어, 형이상학적인 선상에서는 하나님의 예정이 분명하게 보인다. 하지만 그것은 살아가면서 현실적인 사건들을 접할 때, 위험스러울 정도로 틀린 것으로 드러날 수 있다.

신학적인 관점은 계속 점검되어야 한다. 만일 하나님의 자리에 신학을 놓는다면, 우리는 구제할 수 없을 정도로 무식하게 될 것이다. 즉, 그 어떤 다른 관점도 받아들이려 하지 않게 될 것이다. 이러한 맹신의 구제불능적인 무지는 결국 망상에 이르게 되는데, 그 책임은 오직 본인에게만 있다. 본질적인 것들은 현실의 삶 가운데서 논리적으로 입증될 수 있는 것들이 아니다.

당신이 어느 부분에서 맹목적으로 무지하게 되는지 주의하라. 그것을 깨닫지 못하면, 가장 중요한 순간에 그것 때문에 무너지게 될 것이다. 하나님에 대한 자신만의 편협한 관점 때문에 수많은 사람들이 위기의 순간에 실패했고 온전해지지 못했다. 만일 당신이 하나님을 하나님으로서 인정하고, 편협한 관점을 내려놓는다면 온전케 될 것이다.

진실을 붙듦 13:13-28

> "너희는 잠잠하고 나를 버려두어 말하게 하라 무슨 일이 닥치든지 내가 당하리라 내가 어찌하여 내 살을 내 이로 물고 내 생명을 내 손에 두겠느냐 그가 나를 죽이시리니 내가 희망이 없노라 그러나 그의 앞에서 내 행위를 아뢰리라"(13:13-15).

욥은 자신에게 최악의 일들이 생겼음에도 불구하고 하나님의 진실하심을 느꼈고 자신 역시 진실했다. 그는 자신이 당하는 고난에 대해 "지금 나는 뭔가를 잘못해서 벌을 받고 있어"라거나 "지금 나는 더 완벽해지려고 고난을 받고 있는 거야"라는 식으로 말하지 않았다. 욥의 친구들은 그를 가리켜 위선자라고 비난했고, 심지어 무신론자라는 무언의 암시까지 주었지만, 욥은 바로 이러한 고통의 순간에 구약 전체에 있어서 믿음에 대한 가장 고상한 발언을 한다.

"주님이 저를 죽이시더라도 저는 여전히 주님을 신뢰할 것입니다."

"자네들이 하나님에 대해 잘못된 말을 할지라도, 나 역시 그분에 대해 다 설명할 수 없을지라도, 심지어 그분이 나를 죽이실지라도, 나는 여전히 그분이 진실하신 분임을 신뢰할 것이라네. 그리고 그분을 기다리면서 내 진실함을 지켜나갈 걸세. 내가 확신하는 것은, 궁극적으로 하나님과 나는 어떻게 해서든 한마음이 될 거라는 사실일세."

언제나 진실하라. 그리고 하나님은 반드시 의로우신 분이라고 확신하라. 너무 쉽게 하나님을 정당화하려고 애쓰지 마라. 죄와 전쟁을 허락하시는 하나님을 정당화하려다가 위험한 속임수에 빠질 수도 있다. 죄와 전쟁은 결코 정당화될 수 없다. 하지만 진실한 그리스도인은 직관적으로 "결국 하나님은 의로우신 분으로 드러날 것"을 안다. 그때까지 당신은 논리적으로는 설명될 수 없는 믿음의 모험으로만 하나님을 의롭다고 말할 수 있을 것이다.

연약함을 인정함 14장

"주는 나를 스올에 감추시며 주의 진노를 돌이키실 때까지 나를 숨기시고 나를 위하여 규례를 정하시고 나를 기억하옵소서 장정이라도 죽으면 어찌 다시 살리이까 나는 나의 모든 고난의 날 동안을 참으면서 풀려나기를 기다리겠나이다"(14:13-14).

욥은 인간 만사를 논리적으로 설명할 수 없으며 그 근원에는 비극이 있음을 발견했다.

"저는 제가 연약하다는 것과 이 세상에는 제가 설명할 수 없는 것들이 아주 많다는 것을 압니다. 하지만 연약한 의식으로나마 제가 아는 것은, 하나님께서 저를 항상 보고 계신다는 사실입니다. 저는 이 고난의 날이 끝날 때까지 하나님과 저에 대한 왜곡된 신조를 받아들이지 않고 잘 참아내겠습니다."

우리는 욥의 고백을 통해 그가 올바른 선상에 있음을 알 수 있다. 욥은 고통 가운데 연약했지만 그의 진실함은 변함없었다. 또한 그는 자신이 어떤 죄 때문에 벌을 받고 있다고도 생각하지 않았다.

일반적인 신학의 입장에서 욥의 말들을 판단해 보면 틀린 것처럼 들린다. 하지만 실제로 욥의 고백들은 참으로 귀하다. 욥은 하나님에 대해 말할 때, 인간의 연약함을 허락하신 점에 대해서 그분을 정당화하는 어떤 면들이 있어야 한다고 말한다. 또한 늘 만족스러운 결말만 있는 것은 아니라고 말한다.

"드디어 내 모든 바람이 이뤄지려는 바로 그때에 모든 것이 끝장났다."

오늘날 이런 경우를 당하는 사람들이 수없이 많다. 인생 최고의 순간을 눈앞에 두고 순식간에 쓸려 사라진다.

우리는 어떤 사람에 대해 말할 때, "비록 그가 우리의 정통적인 종교의 기준에는 이르지 못할지라도 그를 자비로우신 하나님의 손에 의탁하자"라고 말하곤 한다. 하지만 이 말에 속아서는 안 된다. 욥은 사실을 말했고, 언젠가 자신이 하나님의 공의로우심을 보게 될 것이라고 확신했다. 그러니 절대로 '보류된 판단'을 '최종 판단'으로 취하지 마라. 대신 새로운 빛을 얻을 기회를 살펴라. '정신적인 마음의 안전밸브'는 문제의 해답으로 충분하지 않다. 사람의 직감에서 나온 수많은 질문들이 답을 찾지 못했다. 그 어떤 신학적인 진술도 마찬가지였다. 오직 예수 그리스도 안에 해답이 있다. 우리는 예수님께서 말씀하신 "내가 곧 길이요 진리요 생명"과 상반되는 관점을 결코 취해서는 안 된다. 중요한 것은 우리가 하나님과의 인격적인 관계를 맺는 길에 서야 한다는 것이다. 그러고 나서 경험들과 계시를 통해 본성을 만족시키는 본질적인 답을 찾아라. 또한 만족스러운 답을 찾기 전까지는 "나는 답을 찾았다"라고 말하지 마라.

"하나님은 사랑과 공의의 하나님이시다. 나는 이것을 붙들 것이며 이것이 분명하게 드러날 때까지 기다릴 것이다."

우리는 "오, 나는 그 일을 하나님께 다 맡길 거야"라고 경건한 척 말해서는 안 된다. 하나님은 그분께서 무엇을 하시는지 우리가 분별하기를 원하신다. 하지만 순종하지 못함으로 그분의 섭리를 분별하는데 시간이 걸리곤 한다. 우리는 순종할 때 비로소 도덕적으로, 영적으로 분별하게 된다.

우스왈드 챔버스의 욥기

CHAPTER 10

쓸모없는 위로

• 욥기 15장

지구를 치료할 수 있는 알약은…

– G.K. 체스터톤(G.K. Chesterton)

슬픔을 위로한답시고 누군가의 문제를 다룰 때, 참으로 터무니없는 일들이 많이 발생한다. 엘리바스가 그랬다. 그는 명쾌하지도 않은 답답한 말로 욥의 주장을 무너뜨리려고 애썼다. 마치 그는 화가 난 사람처럼 이렇게 말한다.

"네가 아는 것을 우리가 알지 못하는 것이 무엇이냐"(15:9).

엘리바스는 아주 보수적인 자기 본연의 모습을 드러내며 하나님의 성품에 대해 독단적으로 말하기 시작했다(15:14–16). 마치 그는 '신학적인 싸움닭'처럼 '전통'이라는 홰에 올라 날개를 푸덕거리며 상투적인 말들을 멋지게 포장해서 외치는 듯하다. 그는 맹렬하게 자신이 믿는 바를 피력했으나 사실 그는 하나님을 전혀 알지 못하는 사람이었다. 엘리바스는 사실에 기초한 확신보다는 끝까지 자기 확신에 매여 있는 '돌팔이'였다. 완고한 사람과 정신력이 강한 사람은 확연히 다르다. 완고한 사람은 어떤 사실에 대해 논할 때 지성을 사용하지 않고 거부하는 반면, 정신력이 강한 사람은 모든 관점에서 사건을 면밀하게 조사해 본 후에 결정하고, 반대 의견에 부딪힐 때 기꺼이 자신의 의견을 피력한다.

기회주의적인 마음 15:1–6

"데만 사람 엘리바스가 대답하여 이르되 지혜로운 자가 어찌 헛된 지식으로 대답하겠느냐 어찌 동풍을 그의 복부에 채우겠느냐 어찌 도움이 되지 아니하는 이야기, 무익한 말로 변론하겠느냐" (15:1-3).

'기회주의적인 마음'은 분위기를 살피면서 자기 입장을 취한 후에 그 입장을 고수해 나가는 것을 말한다. 욥을 허풍쟁이 취급하던 엘리바스는 욥과 대화하면서 점점 자기 자신을 보게 되었다. 그러자 그의 기회주의적인 마음이 '빈정거림'이라는 무기를 꺼내들기 시작했다. 빈정거림과 역설은 아주 다르다(12:1-3 참조). 빈정거림은 비겁한 사람의 무기이다. 이사야 선지자와 사도 바울은 자유롭게 역설을 사용했지만 단 한 번도 빈정거리며 말하지 않았다. 혹 당신도 이해할 수 없는 일을 직면할 때, 빈정거리는 자세를 취하지는 않는지 돌아보라.

엘리바스의 말은 잔소리로 들린다. 이것이 그의 특징이다. 잔소리는 궁지에 몰려 빠져나갈 길이 보이지 않을 때 나타나는 현상이다. 안타깝게도 오늘날 신학자처럼 저주를 잘하는 사람도 없고, 종교적인 논쟁보다 센 논쟁도 없다. 엘리바스처럼 자기 신조만 밀고나가는 사람은 하나님을 단 한 마디로 정의할 수 있다. 하지만 그들의 한계는 "내가 한 말이 곧 하나님"이 된다는 것이다. 이것이 바로 '종교적인 폭군'이 가지는 가장 기본적인 특징이다.

이 전쟁이 터지기 전까지, 하나님은 신학에 갇혀 계셨다. 많은 사람들이 전쟁이 났을 때, "나는 하나님을 향한 믿음을 잃었다"라고 말했지만, 실제로 그들이 잃은 것은 하나님이 아닌 자신들이 알고 있던 신학에 대한 믿음이었다. 오히려 그들은 참 하나님을 만날 기회를 이제야 얻은 것이었다. 당신도 이런 상황을 만날 때, 결코 두려워하거나 절망하지 마라. 대신 그동안 하나님에 대해 배워온 것들에 대해 하나씩 점검해 나가라. 신학자나 목회자의 말이 다 맞을 것이라는 생각도 내려놓아라. 오직 사실에 대해서만 언급하기 시작하라.

전통적인 믿음 15:7–13

> "네가 제일 먼저 난 사람이냐 산들이 있기 전에 네가 출생했느냐 하나님의 오묘하심을 네가 들었느냐 지혜를 홀로 가졌느냐 네가 아는 것을 우리가 알지 못하는 것이 무엇이냐 네가 깨달은 것을 우리가 소유하지 못한 것이 무엇이냐"(15:7–9).

전통이라는 큰 망치를 손에 들으면 "네 아버지보다 훨씬 나이 많은 조상들이 다 내 편이다"라는 말을 하게 된다. 엘리바스는 욥에게 "자네는 자네의 문제가 전에는 한 번도 다뤄지지 않은 문제라고 생각하는가?"라고 물었다. 바리새인들도 예수님을 대할 때 이와 똑같았다. 예수님은 율법과 선지자는 '그분'의 때까지만 존재한다고 말씀하셨다. 그분은 "옛 사람에게 말한 바 '~하라' 했다는 것을 너희가 들었으나 나는 너희에게 이르노니"라는 형식의 말씀을 하셨다. 그때 바리새인들은 이런 식으로 반응했다.

"우리에게는 엄청난 역사가 있고 전통이 있다. 그렇기 때문에 하나님의 법은 우리와 함께 하지 너와 함께 하지 않는다. 너는 죄인이다."

결국 그들은 예수님을 십자가에 못 박아 죽였다. 바로 이것이 전통을 취할 때 나타나는 최악의 결과이다.

'엘리바스의 방법'은 다른 어떤 방법보다 사람들이 하나님과 함께 하는 삶을 살아가지 못하도록 방해한다. 왜냐하면 그 방법은 어느 누구에게도 "내 문제는 전에 전통적으로 다뤄진 적이 없는 문제이다"라고 말하는 것을 허용하지 않기 때문이다. 과거만 지나치게 강조하면 현재는 짓눌림을 당하게 되어 있다. 전통만 중시하면 오늘날의 문제를 거절하게 되어 있다. 사도 바울은 디모데에게 이렇게 조언했다.

"누구든지 네 연소함을 업신여기지 못하게 하라"(딤전 4:12).

즉, "네 젊음을 교조주의(敎條主義)나 엄중한 말투로 채우려 하지 말고, 다른 신자들에게 본이 되는 삶을 살라"는 뜻이다. 자유로운 마음을 가진 사람은 "내 나이를 고려해 주게"라는 어리석은 말을 하지 않는다.

'전통적인 믿음'은 오직 전통 자체에만 뿌리를 두고 구식을 따른다. 종교 생활을 처음 시작할 때, 우리는 아무 질문도 하지 않고 배운 것을 있는 그대로 다 받아들인다. 그러다가 어느 순간 고난을 만나면 과거에 배웠던 내용을 의심하고 비판하기 시작한다. 오랜 시간 배운 믿음에 관한 것들이 아무리 옳아 보여도, 고난을 통해 배운 것이 아니라면 자신에게 맞지 않기 때문이다.

욥의 고난은 그가 믿는 믿음의 내용을 다시 돌아보게 만들었다. 누군가에게 이것저것을 믿어야 한다고 말하는 것은 옳지 않다. 또한 믿음은 강요한다고 해서 믿어지는 것도 아니다. '전통적인 믿음'은 '새로운 경험에 대한 안전밸브'를 잠근다.

전쟁이 끝난 후에 우리는 '구속'(Redemption)을 신학적으로 다시 바라봐야 할 것이다. 구속은 하나님의 일로 해석되어야지 사람의 일로 해석되어서는 안 된다. 사람은 자기 자신을 구속할 수 없다. '전통적인 믿음'을 가진 사람들에게 지금까지 믿고 있는 진리를 재조명해 보라고 권한다면, 아마도 그들은 소스라치게 놀라면서 그들의 삶을 더욱 짓누르는 모습을 보일 것이다.

만일 엘리바스가 지혜로워서 욥이 알고자 하는 것이 무엇인지 이해했더라면 다음과 같은 자세를 취했을 것이다.

"아, 그렇구나! 지금 욥은 내가 전혀 알지 못하는 무언가와 대면하고 있구나. 내가 다 이해하지 못하더라도 그를 귀히 여겨야지."

하지만 엘리바스는 그렇게 말하는 대신, "욥, 자네는 내 전통적인 믿음에 따르면 위선자라네"라고 말했다.

하나님을 앞선 신학 15:14-16

"하나님은 거룩한 자들을 믿지 아니하시나니 하늘이라도 그가 보시기에 부정하거든 하물며 악을 저지르기를 물 마심 같이 하는 가증하고 부패한 사람을 용납하시겠느냐"(15:15-16).

신학은 '종교에 대한 과학'이라고 표현할 수 있다. 그것은 하나님에 대한 의식을 체계화하려는 지적인 시도이다. 만일 내가 삼위일체에 대한 교리(성경에 계시된 신성을 신학적인 공식으로 체계화하려는 고상한 시도)를 정립한 후 "이것이 하나님이다"라고 결론 짓는다면, 그 누구도 그것에 대한 다른 언급을 할 수 없게 될 것이다. 안타깝게도 오늘날 신학은 하나님의 자리를 차지하고 "내 신학 외에 다른 말들은 다 신성모독"이라고 말하곤 한다.

신학은 첫째가 아니라 둘째이다. 신학의 위치는 주인이 아니라 돕는 '하인'이다. 그런데 그런 신학이 주인이 되면 폭군으로 바뀌게 된다. 만일 당신이 신학을 첫째로 두게 된다면, 당신과 다른 신학적인 말을 하는 사람을 용납하지 않고 저주를 퍼붓게 될 것이다. 혹시 지금 당신이 그러하지는 않는지 진지하게 생각해 보라. 우리는 하나님이 아닌 하나님에 대한 개념의 선상에서 믿음을 가지려고 한다. 그래서 그것을 벗어나는 경험을 할 때, 극구 부인하며 신학적인 체계에 충성한다.

값싼 복음 15:17-35

> "내가 네게 보이리니 내게서 들으라 내가 본 것을 설명하리라"
> (15:17).

엘리바스는 욥에게 분노를 퍼붓고 있다. 그는 이 끔찍한 비극이 욥, 바로 그 자신 때문에 일어났다고 말하고 있다. 만일 엘리바스가 옳다면 욥이 틀렸고, 욥이 옳다면 엘리바스가 틀린 것이다. 엘리바스는 욥이 위선자고 가장 악한 자라는 결론에 이른다. 왜냐하면 악한 자에 대한 그의 신조가 욥에게 딱 맞아떨어졌기 때문이다. 그래야만 엘리바스의 장황한 비난이 설 자리가 있기 때문이다.

'값싼 복음'을 믿는 사람들은 자신들이 잘 살아가는 줄 안다. 성경에 따르면 성령님의 인도하심을 받는 사람은 반드시 열매를 맺는다.

> "이러므로 그들의 열매로 그들을 알리라"(마 7:20).

그동안 수많은 사람들이 '값싼 복음'의 설득에 속아 자기 자신을 제대로 보지 못했다. 하지만 지금 그들은 갑자기 일어난 전쟁으로 인해 '실체'를 갈구하고 있다.

누군가가 당신에게 예수님의 말씀과 상충하는 말을 믿으라고 강요할 때, 당신은 "아니, 나는 그것을 믿을 수 없어"라고 담대하게 말할 수 있어야 한다. 그리고 예수님의 말씀에 늘 순종하라. 만약 잘 모르는 것이 있다면, 일단 그 판단을 보류하라. 바로 이것이 욥이 고난 가운데서 내내 지켰던 태도이다.

"지금 자네의 신조는 하나님의 성품을 왜곡시키고 있네. 하지만 하나님은 내가 그분에 대해 믿는 그대로, 곧 사랑과 공의의 하나님으로 또 완전하고 영광스러운 하나님으로 나타나시리라 믿네."

CHAPTER 11

절망의 전선

• 욥기 16–17장

나는 갈급하고 지치고 쇠약한데
이 고통에서 벗어날 그 어떤 도움도 받지 못하고 있네

세상에서 들려오는 고통의 소식들은
내 작은 마음을 뚫고 들어와
나로 하여금 하나님의 존전에 나아가
그 고통을 고하게 하네

그분의 발 앞에서 흘리는 눈물은
전혀 부끄럽지 않고
고통의 상처 그대로 보여드릴 수 있네

나는 그분께 치료해 주시기를 간구하네
그분 앞에 고통을 쏟으면 쏟을수록
달콤한 위로를 간구하게 되네

– F.W.H. 마이어스

지금까지 우리는 '정신이 온전한 비관주의자' 욥을 만나보았다. 하지만 이제는 절망의 전선에 서 있는 그를 발견하게 될 것이다. 사람들은 수백 가지 서로 다른 길로 절망의 지점에 이르게 되지만, 공통된 것은 그곳에 이르면 앞에 아무것도 보이지 않는다는 것이다. 절망 안에서는 더 이상 앞을 내다볼 수 없다. 그곳은 인간이 미치지 않은 상태에서 도달할 수 있는 가장 암담한 최전선이다. 미친 사람은 절대로 절망하지 않는다. 그들은 한없이 우울하거나 한없이 기분이 좋기 때문이다. 절망은 정상적인 사람이 지독한 슬픔의 자리까지 내몰릴 때, 그의 마음을 사로잡는 암담함이다.

고자세에 반기를 듦 16:1–5

> "욥이 대답하여 이르되 이런 말은 내가 많이 들었나니 너희는 다 재난을 주는 위로자들이로구나"(16:1–2).

아이러니하게도 지금 욥은 엘리바스가 자신에게 취한 그 고자세를 똑같이 취하고 있다.

엘리바스는 계속해서 욥이 악하고 위선자여서 이 고통을 당하는 것이라고 말했다. 그러자 욥은 엘리바스가 자신의 문제를 이해조차 못한다는 것을 깨닫고, 그에게 대항하여 반기를 들었다.

종교적인 삶에 있어서 고자세를 피하기란 어렵다. 종교는 고상한 척하려는 속성이 강하기 때문이다. 만일 당신이 누군가를 가르치는 위치에 있다면, 쉽게 고자세를 취하게 될 것이다. 이는 오늘날 성실한 그리스도인 가운데 자주 발견되는 모습이기도 하다. 그래서 목회자를 가르치는 것이 다른 누구보다 어렵고 오래 걸린다.

종교적인 고자세는 하나님과의 인격적인 관계에서 나오지 않고 교리를 신봉할 때 생겨나고, 그때 자신이 이해할 수 없는 것에 대해서는 무조건 깔보는 태도를 취하게 된다. 그래서 고통 중에 있는 사람에게 큰 상처를 주게 되는 것이다.

지금 욥은 친구들의 고자세에 반기를 들고 있다. 사람은 아무 이유 없이 반기를 들지 않는다. 즉, 욥은 종교적인 사람들의 고자세에 대항하고 있는 것이다.

고통이란 16:6–22

욥은 겁내지 않고 정직하게 말했다.

"나는 내가 왜 이런 고통을 받는지 정말 모르겠네. 그러나 확실히 아는 한 가지는, 내가 저지른 어떤 죄 때문은 아니라는 사실일세."

만약 우리가 욥과 같은 상황이라면, 어딘가로 숨어들어 "오, 나는 내가 생각한 것보다 훨씬 나쁜 사람이구나" 하며 스스로를 힘들게 할지도 모른다. 얼핏 보면 지금 욥은 하나님께 반기를 드는 것처럼 보인다. 하지만 실제로는 하나님께 대항하는 것이 아니라 그분에 대한 그릇된 설명에 대항하고 있는 것이다.

고통의 심리 16:6-8

"내가 말하여도 내 근심이 풀리지 아니하고 잠잠하여도 내 아픔이 줄어들지 않으리라 이제 주께서 나를 피로하게 하시고 나의 온 집안을 패망하게 하셨나이다"(16:6-7).

수많은 슬픔이 "그 슬픔을 쏟아낼 수 있는 적절한 표현을 통해" 위로를 얻는다. 그러나 욥은 그렇지 못했다. 욥의 친구들은 모두 그를 인내하지 못했다. 그들은 하나님이 욥을 버리셨기 때문에 그가 고통을 받는 것이라고 믿었다. 언뜻 보면 그들의 정죄가 다 맞는 것처럼 보이지만, 욥은 그것을 인정할 수 없었다.

고통의 섭리 16:9-15

"하나님이 나를 악인에게 넘기시며 행악자의 손에 던지셨구나 내가 평안하더니 그가 나를 꺾으시며 내 목을 잡아 나를 부숴뜨리시며 나를 세워 과녁을 삼으시고"(16:11-12).

모든 상황이 욥을 힘들게 하고 있다.

"하나님이 이 죽을 만큼 고통스러운 상황들을 다 조장하시는 것 같구나. 마치 무서운 맹수처럼 내 앞과 뒤를 막고 서 계시는 것 같구나. 이 모든 일이 내 죄악의 결과임을 입증하는 것 같구나."

고통의 비애 16:16-22

> "땅아 내 피를 가리지 말라 나의 부르짖음이 쉴 자리를 잡지 못하게 하라 나의 친구는 나를 조롱하고 내 눈은 하나님을 향하여 눈물을 흘리니 사람과 하나님 사이에와 인자와 그 이웃 사이에 중재하시기를 원하노니 수년이 지나면 나는 돌아오지 못할 길로 갈 것임이니라"(16:18-22).

이 말은 욥이 불평 많은 거지처럼 동정심을 유발하려고 던진 말이 아니라 정신이 온전한 가운데 자기 자신을 위해 말하고 있는 것이었다. 그에게 있어서 절망 중에 비관하는 것은 정당한 것이었다.

전쟁으로 인해 이와 비슷한 일들이 많이 발생하고 있다. 우리는 구원이 보이지 않는 듯한 고난을 당하는 사람들 앞에서 종교적인 고자세, 교단적인 고자세, 실제가 아닌 허황된 고자세를 취하지 않도록 주의해야 한다. 그들 앞에서 우리가 할 수 있는 일은, 그저 우리가 이해할 수 없는 사실에 대해 겸허해지는 것이다.

만사의 근원에는 비극이 있고, 오직 하나님만이 그 비극에서 나오는 길을 아신다. 만사에 대한 인간의 이성과 판단만을 가지고는, 욥의 친구들이 한 일을 그대로 따라하게 될 것이다. 즉, 그 비극을 폄하하게 될 것이다.

운명에 대한 인식 17장

누군가에 대해 오해하게 되면, 가장 먼저 그를 향한 저항과 분노를 느끼게 된다. 하지만 찬찬히 생각하다 보면, 결국 그를 탓해서는 안 된다는 사실을 깨닫게 된다. 바로 이러한 일을 욥이 당했고, 친구들로 인해 그의 고통은 가중되었다.

사람의 운명 17:1-4

"주께서 그들의 마음을 가리어 깨닫지 못하게 하셨사오니 그들을 높이지 마소서"(17:4).

우리는 친구들이 이해해 줄 줄 알았는데 전혀 그렇게 해 주지 않을 때 그들을 비난하게 된다. 그러고는 슬픔 가운데 앉아 "이 세상에는 그 누구도 나를 도울 수 없구나"라고 한탄하게 된다. 물론 이러한 행동은 고자세에서 나오는 것일 때도 있다.

이 세상에는 그 누구도 공감해 줄 수 없는 종류의 고통과 질병, 슬픔을 겪는 사람들이 있다. 이들은 이것들로 말미암아 홀로 고독한 삶을 살게 된다. 그의 고독은 그의 죄 때문에 오는 것이 아니라 그 누구도 그를 동정해 주지 않은 데서 오는 것이다. 그때에는 오직 하나님만이 그에게 다가가실 수 있다.

욥은 친구들이 자신의 문제를 깨닫지 못하게 하신 분이 바로 하나님이심을 깨달았다. 그의 깨달음은 정확했다. 왜냐하면 그것은 사탄으로 말미암아 일어난 일이었기 때문이다. 물론 그는 하늘에서 일어나고 있는 일을 깨달을 만큼의 경지에 이르진 못했지만, 하나님이 이 모든 상황을 허락하셨다는 것만은 확실히 알고 있었다. 그는 여전히 하나님은 영화로우신 분이라는 사실을 붙들었다.

"나는 많은 소유, 자녀들과 친구들, 그리고 따뜻한 위로마저 다 잃었네. 이제 내게는 위로받을 수 있는 것이 하나도 없네. 그러나 주께서 나를 죽이신다 할지라도 나는 그분을 신뢰하겠네!"

욥은 이러한 상황에서 기이할 정도로 하나님을 확신하고 있다.

인간의 지혜 17:5-10

> "정직한 자는 이로 말미암아 놀라고 죄 없는 자는 경건하지 못한 자 때문에 분을 내나니 … 너희는 모두 다시 올지니라 내가 너희 중에서 지혜자를 찾을 수 없느니라"(17:8,10).

욥은 인간의 지혜는 결국 자신을 대항하여 판단을 내리고 있다고 말하고 있다. 그는 모든 상황과 자신의 신조마저 자신을 대적하는 것처럼 느꼈다. 특히 자신의 진실함을 누구보다 잘 아는 친구들이 그를 손가락질할 때, 그리고 그들이 자신들만의 분별력과 관점으로 그를 죄인 취급할 때, 욥은 참기 어려울만큼 힘들었다!

운명은 사람의 손에 달려 있는 것이 아니다. 그렇기에 누군가의 운명에 대해 자신만의 분별력으로 판단하는 것은 인간의 지혜가 이미 정해진 법을 따르고 있기 때문이다. 인간의 지혜가 이미 고정된 법만 따르는 것이 바로 이성주의이다. 그래서 이성적이지 않은 일이 생길 때, 이유 없이 고난 당하는 사람을 죄인 취급하게 되는 것이다.

만사의 근원이 이성적이지 않다고 지적하면, 이성주의는 그러한 현상은 일시적인 것일 뿐이라고 말한다. 성경은 만사의 근원이 비합리적이고 더 나아가 비극적이라고 계시한다. 사람이 벼랑 끝에 몰리면 이성이 아닌 비극에 닿게 된다. 그리고 그제야 비로소 하나님과 홀로 대면하게 된다. 우리는 더욱 진실해지고 생각이 깊어질 때, 솔로몬의 말을 더욱 공감하게 된다.

> "지혜가 많으면 번뇌도 많으니 지식을 더하는 자는 근심을 더하느니라"(전 1:18).

만일 하나님이 욥을 돌보지 않으셨다면, 사탄은 그 '내기'에서 이겼을 것이다. 만일 하나님이 적당한 때에 무대에 등장하지 않으셨다면, 욥의 소망은 사라지고, 사탄은 아무도 하나님을 그분 자체로 사랑하지 않음을 입증했을 것이다. 욥에게는 의지할 수 있는 모든 것이 사라지고 없었다. 하지만 그는 하나님을 결코 저주하지 않았다.

감정의 폭발 17:11-16

욥은 그의 절망을 감출 수가 없었다. 11절 말씀은 그의 측량할 수 없이 큰 비애를 표현하고 있다.

> "나의 날이 지나갔고 내 계획, 내 마음의 소원이 다 끊어졌구나" (17:11).

종교적인 위선 중 하나는 사람들 앞에서 자신의 감정을 감추는 것이다. 하지만 욥은 자신의 감정을 감출 수 없는 지경에까지 이르고 말았다. 그는 "나는 하나님께 위로를 받는 척 할 수 없다"고 말했다. 만일 그가 하나님께 위로를 받는 척 했다면, 친구들도 더 이상 그에게 도전하지 못했을 것이다. 하지만 욥은 아주 솔직하게 말했다.

"내게는 아무런 위로가 없구나. 하나님도 보이지 않으시니 나는 그분께 말을 걸 수도 없구나. 내가 아는 것이라곤 지금까지의 나의 신조와 믿음이 잘못되었다는 것, 그것뿐이로구나. 나는 정말 무엇을 받아들여야 할지 모르겠다. 하지만 나는 하나님께 위로받지도 않으면서 위로받는다고 결코 거짓말하지 않으련다. 하나님은 그분 스스로 의로우심과 신실하심을 입증하시라 믿는다."

이러한 신앙의 태도는 시편 기자에 의해서도 잘 표현되고 있다.

> "그런즉 내가 하나님의 제단에 나아가 나의 큰 기쁨의 하나님께 이르리이다 하나님이여 나의 하나님이여 내가 수금으로 주를 찬양하리이다"(시 43:4).

이는 숭고한 믿음으로, 예수님은 이 믿음을 세례 요한에게 요구하셨다.

> “누구든지 나로 말미암아 실족하지 아니하는 자는 복이 있도다”(마 11:6).

하나님이 잔인한 분처럼 느껴지더라도, 당신은 아무 위선이나 거짓 없이 그분이 의로우신 분임을 끝까지 믿을 수 있는가? 우리들 대부분은 위선자이다. 두려움 때문에 욥처럼 사실 그대로를 말하지 못한다. 우리는 어려움이 닥칠 때, 곧바로 이렇게 내뱉는다.

“내게 이러한 일을 겪게 하시다니…. 나는 이토록 잔인한 하나님을 더 이상 믿지 않겠어.”

그러나 욥은 결국에는 하나님의 불명예가 아닌 영예가 드러날 것임을 믿었다.

지금 이 전쟁으로 인해 수많은 사람들이 욥이 경험한 자리까지 나아가고 있다. 그들은 하나님에 대한 자신들의 신조를 버리고, 위선을 떠는 어리석음을 점차 버리고 있다. 누군가가 자신이 확신한 것에 대한 믿음을 잃었다고 해서 그가 하나님에 대한 믿음까지 잃었다고 볼 수는 없다. 수많은 사람들이 믿음을 잃고 절망의 최전선에 이르렀지만, 오히려 그들은 지금까지 자신들이 믿어왔던 것이 하나님이 아니라 자신들만의 확신이었음을 깨닫게 되었다. 오늘도 누군가는 지옥을 지나면서 하나님을 만난다.

만일 욥의 친구들이 고자세를 버리고 있는 그대로를 보았다면, 자신들이 이해하지 못하는 모든 것에 대한 겸허한 자세를 취했을 것이다. 그리고 욥이 믿음을 지킬 수 있도록 도왔을 것이다. 그들은 처음 7일 동안 아무 말도 하지 않은 채 욥과 함께 있었다. 그것이 올바른 자세였다. 그때 그들은 지금보다 훨씬 더 하나님께 가까이 있었다. 하지만 그들은 하나님을 강력하게 변호하기 시작하면서 종교적인 고자세를 취하게 되었고, 욥이 겪는 것들의 실제를 놓치게 되었으며, 결국에는 허풍만 떠는 꼴이 되고 말았다.

CHAPTER 12

가장 쓰라린 상처

• 욥기 18–20장

제 마음은 형제들로 인해 멍이 들었습니다
하도 엎드려 울었더니 얼굴이 다 화끈거립니다
저는 이제 너무 지쳐서 괴롭습니다
죄에 대해서도 지긋지긋합니다
(중략)
연약한 무릎을 일으켜 무너진 마음으로
하나님이 거하시는 곳으로 피합니다
방패 되신 주여, 모든 조롱과 멸시로부터 나를 보호해 주소서
세상에는 기쁨을, 성도들에게는 인내를 주소서

– F.W.H. 마이어스

믿었던 친구로부터 상처받게 될 때, 우리는 가장 쓰라린 아픔을 경험하게 된다.

"내 친척은 나를 버렸으며 가까운 친지들은 나를 잊었구나 … 나의 가까운 친구들이 나를 미워하며 내가 사랑하는 사람들이 돌이켜 나의 원수가 되었구나"(19:14,19).

우정이 깨지다 18장

친구가 될 때는 언제나 서로에게 뭔가 끌리는 것이 있다. 이러한 끌림은 상대방의 어떠한 행동 때문이 아니라 그 사람 자체에 끌리는 것이다. 우리는 이런 친구와 함께 있을 때 기분이 좋아진다. 그런데 안타깝게도 욥은 친구들로 인해 매우 슬펐다. 그는 가장 힘들 때 우정을 나눌 친구들을 잃었다. 그는 자신이 겪고 있는 고난에 대해 그 누구에게도 설명할 수 없었고, 하나님께서도 그를 그 상태에서 벗어나게 해 주실 것 같아 보이지 않았다.

떠나간 친구들 18:1-4

"수아 사람 빌닷이 대답하여 이르되 너희가 어느 때에 가서 말의 끝을 맺겠느냐 깨달으라 그 후에야 우리가 말하리라"(18:1-2).

우정이 깨질 때, 우리는 말로 다 표현할 수 없는 아픔을 느낀다.

욥 역시 친구들로 인해 마음이 크게 상했다. 그들은 욥에게(특히 믿음에 대해) 시비를 걸었을 뿐 아니라 그를 향한 우정마저 모두 철회했다. 그들은 결코 욥을 이해하려 하지 않았고, 어떤 위로도 동정도 보여 주지 않았다. 그러면서 "우리는 자네가 왜 고난을 당하는지 다 안다네"라고 차갑게 말했다.

여기서 빌닷은 욥이 틀리고 자신이 맞았음을 확신하고 있다. 더 곤혹스러운 것은, 욥은 아무 말도 하지 못하는 반면, 그는 욥에 대해 할 말이 많았다는 것이다. '실체'에 이를 때, 우리는 철저히 혼자가 된다. 욥은 어느 지점까지는 그들과 진한 우정을 나눴지만, 어느 순간 그들로부터 "이제 우리는 자네를 떠날 수밖에 없네. 자네는 우리의 경계선 밖으로 나갔네"라는 말을 듣게 되었다. 이런 말을 하며 떠나는 친구들은 저마다 나름대로의 논리가 있다.

빌닷은 그가 상상해 낼 수 있는 최고로 악한 사람을 묘사했다. 이에 욥은 이렇게 말했다.

"내게 일어난 모든 나쁜 일로 인해 자네는 나를 나쁜 사람이라고 말하지만, 나는 정말 그렇지 않다네. 자네는 자네의 신조를 붙잡고 논리적으로 말하지만, 지금 나는 실제를 경험하고 있다네. 내가 만약 자네의 신조를 따른다면, 나는 무신론자가 되고 말 걸세. 나는 하나님이 내게 일어난 일들을 설명해 주실 때까지 그분에 대한 자네의 거짓된 말을 받아들이지 않겠네."

오늘날 수많은 사람들이 욥과 같은 일을 겪고 있다. 그들은 불신

자가 아님에도 불구하고, 하나님에 대한 강요된 이론을 거절한다는 이유만으로 불신자라고 불리고 있다. 이때 아무리 외롭고 괴롭더라도 욥처럼 말하라.

"하나님에 대한 자네들만의 이론을 받아들이라고 강요하지 말게. 나는 결코 받아들이지 않을 테니!"

자신만의 '의로운' 짜증 18:5-21

"악인의 빛은 꺼지고 그의 불꽃은 빛나지 않을 것이요 … 참으로 불의한 자의 집이 이러하고 하나님을 알지 못하는 자의 처소도 이러하니라"(18:5,21).

사람들은 절교할 때 저마다 자기 나름대로의 이유를 댄다. 빌닷 역시 뻐연 미사여구를 늘어놓으며 물러났다. 악한 사람에 대한 그의 묘사를 보면 욥이 현재 처한 상황을 암암리에 언급하고 있다. 그는 욥이 겪은 고난을 재차 언급하면서 그런 것은 철저한 위선자나 겪는 일이라고 말하고 있다.

"자네는 위선자일세. 자네가 불의하기 때문에 이런 고통을 당하는 것일세."

빌닷은 아주 흡족해 하면서 이렇게 말했을 것 같다. 마치 자신이 하나님인 양 불의한 자의 심리에 대한 완전한 지식을 지닌 듯 뽐내면서 말이다. 하지만 그가 드러낸 것은 사람과 하나님에 대한 철저한 무지였다. 그의 말은 가소롭기까지 하다. 당신은 그가 우쭐대면서 자신만의 '의로운 짜증'을 부리고 있다는 것을 느낄 수 있을 것이다. 욥의 친구들은 자신들의 신조가 위협받자, 하나같이 앙심을 품고 싸울 듯이 덤벼들었다. 이제 그들은 진리를 분별하는 것에는 더 이상 관심이 없어 보인다.

용기 있는 반응 19장

욥의 호소 19:1-5

"욥이 대답하여 이르되 너희가 내 마음을 괴롭히며 말로 나를 짓부수기를 어느 때까지 하겠느냐"(19:1-2).

고난을 겪기 전까지 욥은 자신의 신조를 사랑했었다. 하지만 지금 그는 그것에 대한 믿음을 잃어 어찌할 바를 모르고 있다. 그는 깊은 낙심 가운데 친구들의 위로를 기대하며 호소하고 있다.

"하나님이 마치 나를 원수처럼 괴롭히고 계시는 듯하네. 이 사실을 그대로 고려해서 봐주게나."

욥기 19장은 그의 고통과 슬픔을 표현하고 있을 뿐 아니라, 하나님을 향한 거짓말을 결코 허용치 않으려는 그의 강인함과 진실함을 보여 주고 있다.

"그래도 자네들은 내가 죄인이기 때문에 이런 일을 당한다고 하겠지? 하지만 정말로 그것은 아니라네."

황폐함에 대하여 19:6-20

"하나님이 나를 억울하게 하시고 자기 그물로 나를 에워싸신 줄을 알아야 할지니라 내가 폭행을 당한다고 부르짖으나 응답이 없고 도움을 간구했으나 정의가 없구나"(19:6-7).

욥의 말은 결코 과장되지 않았다. 그는 있는 그대로를 말하고 있을 뿐이다. 아무 설명도 없이 그의 모든 것이 순식간에 사라졌다. 이처럼 어떤 어려움은 밝은 면이 전혀 없다. 오늘날 전쟁으로 인해 수많은 사람들이 소망을 잃었다. 그들에게 "힘내!"라고 말하는 것은 아무 도움이 안 되었다. 그들에게 삶은 지옥과도 같았다. 이러한 때에 그들을 향해 이렇게 하라 저렇게 하라 연설하는 사람은 뻔뻔한 사람이다. 반면 "나는 당신이 왜 이런 일을 겪는지 알지 못하지만 당신과 끝까지 함께 하겠소"라고 말하는 사람은 큰 위로와 힘을 준다. 하지만 욥에게는 이렇게 위로와 힘을 주는 사람이 아무도 없었다. 친구라고 하는 자들은 그에게 고통만 더했다.

버려짐에 대하여 19:21-29

"나의 친구야 너희는 나를 불쌍히 여겨다오 나를 불쌍히 여겨다오 하나님의 손이 나를 치셨구나 … 내가 알기에는 나의 대속자가 살아 계시니 마침내 그가 땅 위에 서실 것이라"(19:21,25).

욥은 언젠가 대속자가 일어나 그가 겪는 일들에 대해 설명해 주리라 믿고 말하고 있다. 대속자는 욥뿐 아니라 하나님의 정당함을 드러낼 것이다. 이때 욥은 아주 멋진 고백을 한다.

"주께서 나를 죽이실지라도 나는 내 믿음을 끝까지 지킬 것이다."

욥은 고난 받는 기간 동안 '쉬운 답'을 얻으려고 하지 않았다.

공동체에서 떨어져 나감 20장

당신이 잘못 되었다고 확신하는 친구들로부터 떨어져 나가는 것은 가장 친밀한 관계와 우정을 잃는 것을 의미한다.

책망 받은 자 20:1-3

> "나아마 사람 소발이 대답하여 이르되 … 내가 나를 부끄럽게 하는 책망을 들었으므로 나의 슬기로운 마음이 나로 하여금 대답하게 하는구나"(20:1,3).

소발은 위엄 있게 말하지만 그 위엄이 '분별'을 나타내는 것은 아니었다. 그는 욥의 말을 들었지만 진심으로 듣지는 않았다. 그는 욥을 수치스럽게 여겼다. 빌닷은 여러 설명을 하며 그의 곁을 떠났고, 소발은 왜 자신이 욥을 멸시하는지에 대한 자신의 생각을 밝혔다.

공격하는 자 20:4-29

"네가 알지 못하느냐 예로부터 사람이 이 세상에 생긴 때로부터 악인이 이긴다는 자랑도 잠시요 경건하지 못한 자의 즐거움도 잠깐이니라"(20:4-5).

욥의 친구들이 보인 단 한 가지 자비는, 욥에게 직접적으로 저주를 퍼붓지는 않았다는 것이다. 오늘날의 저주는 단지 불경한 말을 내뱉는 것으로 끝나지만, 당시에는 저주를 하면 반드시 그 일이 일어날 것이라고 확신했다. 비록 간접적이기는 했지만, 소발은 욥을 저주했다.

욥의 강한 발언은 하나님께 대항하는 것이 아니라 그가 가지고 있던 이전 신조에서 나오는 설명에 대항하는 것이었다. 살아 계신 하나님께 진실하려는 사람은 하나님을 향한 그의 믿음에 있어서 진실한 것이지, 논쟁거리가 되는 하나님에 대한 설명에 대해 진실한 것은 아니다. 만일 당신이 큰 충격을 받은 누군가의 말을 들을 때, 전혀 공감하지 못한다면 그가 하는 말이 불경스럽게 들릴 수 있다. 그러기에 욥의 친구들은 욥의 말이 단지 생각 속에서 나온 것이 아니라 실제로 처참한 충격을 당한 상태에서 나온 것임을 알았어야만 했다. 욥이 그 상태에서 빠져나올 수 있는 유일한 방법은 이성적인 방법이 아니었다. "그가 나를 죽이실지라도 여전히 나는 그분을 신뢰할 것이다"라는 절대적인 확신이었다.

오스왈드 챔버스의 욥기

CHAPTER 13

근원과 충돌함

• 욥기 21–25장

갈등이 없는 현실은 없다
만일 당신이 씨름하고 있지 않다면
그것은 누군가가 당신을 위해
대신 씨름하고 있기 때문이다

– 피터 테일러 포사이스(Peter Taylor Forsyth)

삶의 평범한 흐름을 이해하려면, 특이한 체험들과 비참한 사건들까지 다 고려해야 한다. 성경에서 만사의 근원이 무엇인지 분명하게 보여 준 사람은 욥이나 사도 바울 같은 특이한 체험을 한 사람이었다. '근원에 충돌함'이란 말의 의미는, 우리가 만사의 근원까지 내려갔다는 것을 말한다.

정도에서 벗어난 일 21장

"전능자가 누구이기에 우리가 섬기며 우리가 그에게 기도한들 무슨 소용이 있으랴 하는구나 … 하나님은 그의 죄악을 그의 자손들을 위하여 쌓아 두시며 그에게 갚으실 것을 알게 하시기를 원하노라 … 내가 너희의 생각을 알고 너희가 나를 해하려는 속셈도 아노라 … 그런데도 너희는 나를 헛되이 위로하려느냐 너희 대답은 거짓일 뿐이니라"(21:15,19,27,34).

이 세상이 필요로 하는 것은, 논리적으로 옳은 원칙들이 아닌 생명을 걸 수 있는 확신이다. 생명의 기능이 아니라 생명의 확신이다. 준비하는 종교가 아니라 확인된 종교이다.

– 포시스(1848–1921: 영국 회중교회 목사이자 신학자로, 챔버스는 그의 저서들을 통해 많은 통찰력을 얻었다–역주)

욥은 이해하기 어렵고 분명하지 않은 만사의 근원에 대해 계속 언급하고 있다.

"자네들이 내린 '하나님은 악한 자를 벌하시고 선한 자를 돌보신다'는 단 하나의 결론은 전혀 합당하지 않네. 그 이유는 만사의 근원에는 설명할 수 없는 많은 것들이 있기 때문일세."

욥의 친구들의 말은 그들의 신조에 충실한 것이었다. 욥은 "나 역시 이 고난을 당하기 전까지는 자네들과 똑같은 신조를 붙들고 있었네"라고 말하고 있다. 친구들의 신조는 논리적인 원칙에 기초를 두고 있었지만, 만사의 근원에 닿을 때 필요한 것은 그것이 아니라 바른 관계이다. 갑자기 사랑하는 사람을 잃거나 어떤 힘든 일을 당할 때, 우리는 놀랍게도 욥의 고백에 공감하게 된다. 그래서 모든 사건을 논리적인 원칙으로만 설명하려는 자들에게 반란을 일으키게 된다. 그들은 항상 뭐든지 설명할 준비가 되어 있고 어디서부터 잘못되었는지도 쉽게 설명해낸다. 하지만 욥은 만사는 결코 쉽게 설명되지 않는다고 강조하고 있다. 이 세상에는 언제나 정도에서 벗어난 일들이 일어나고 있다.

바리새주의의 잔인한 논리 22장

"데만 사람 엘리바스가 대답하여 이르되 사람이 어찌 하나님께 유익하게 하겠느냐 지혜로운 자도 자기에게 유익할 따름이니라 … 너는 하나님과 화목하고 평안하라 그리하면 복이 네게 임하리라" (22:1–2,21).

> 수많은 바리새인들이 자기 스스로를 매우 도덕적이고 진실한 사람으로 여기고 있다. 바리새인들의 가장 큰 악은 위선이 아니라 비현실적인 사건들에 대해서는 무의식적이라는 것이다. – 포시스

바리새주의의 특징은, 발뒤꿈치를 올려서라도 자신들이 남들보다 우월해져야 하는 것이다. 그들처럼 만사의 근원을 직면하고 싶지 않은 사람은, 엄격하게 원칙을 따지거나 도덕적인 개혁에 날카로운 신경을 쓴다. 지나치게 양심적인 사람은 거의 대부분의 시간을 비정상적인 일을 하면서 보내거나 거의 정신이 나가는 지경이 된다. 바리새인들은 큰 소리를 쳐서 사람들을 차단하는 것이 아니라 사람들이 답변할 수 없는 논리를 제시함으로써 차단한다. 그들은 관계보다는 원칙에 매여 있다.

안타깝게도 오늘날 바리새주의가 온통 퍼져 있다. 바리새주의는 원칙에 '헌신'하는 것을 기초로 한다. 어떤 명분에 헌신하는 것은 이 시대의 주요한 특징이다. 종교인들은 자신들이 세운 원칙들을 위해 헌신하고 있다. 하지만 예수 그리스도의 참된 제자들은 원칙들이 아닌 인격이신 주님께 헌신한다.

욥의 체험은 바리새인인 엘리바스의 신조와 뚜렷하게 상충된다. 그래서 그는 욥을 유창한 말로 공격하고 비난했다. 그는 모든 사건을 요약한 후, 욥이 형제들을 괴롭혔고 과부와 고아를 괄시했으며 가난한 자들을 모른 척 했다고 결론을 내렸다.

> "네 악이 크지 아니하냐 네 죄악이 끝이 없느니라 까닭 없이 형제를 볼모로 잡으며 헐벗은 자의 의복을 벗기며 목마른 자에게 물을 마시게 하지 아니하며 주린 자에게 음식을 주지 아니했구나"(22:5-7).

이것은 바리새인들이 늘 사용하는 방법이다. 그들은 어떻게 해서든지 도덕적인 이슈를 끄집어낸다. 만일 자신들이 중요시 하는 어떤 원칙에 문제를 제기하면, 그것을 설명하기보다는 또 다른 도덕적인 문제를 만들어 회피해버린다. 그들의 원칙 안에는 진실이 없다. 예수님 시대 당시에 바리새주의는 유대교의 원칙에 서 있었다. 그래서 예수님이 이 땅에 오셨을 때 그분을 알아보지 못하고 "당신은 위선자요, 우리가 입증할 수 있소"라고 말했다.

오늘날 수많은 바리새인 같은 종교인들이 실체를 만나지 못한 채 신앙생활을 하고 있다. 그들은 정통적인 형태의 바리새주의적인 교훈을 펼치지만, 실제로 고난 당하는 사람들은 그들의 교훈에는 알맹이가 없음을 안다. 그들은, 고난 당하는 사람들은 하나님과 바른 관계를 가질 수 없다고 말하기 때문이다. 욥기의 마지막 장에서 엘리바스는 그들 가운데 욥만이 옳았음을 깨닫고 수치를 느꼈을 것이다. 그러나 안타깝게도 대부분의 사람들이 욥보다는 엘리바스의 편에 선다.

바리새인들은 지독한 도덕주의자들이었다(요 16:2 ; 히 13:13 참조). 반면 예수님은 그들이 세운 종교적인 원칙들로 설명되지 않는 분이셨다. 그것이 바로 그분의 '흠'이었다.

"그런즉 우리도 그의 치욕을 짊어지고 영문 밖으로 그에게 나아가자"(히 13:13).

'영문'은 당신이 속한 종교적인 틀로, 이 말씀의 뜻은 세속적인 무리를 떠나 한적한 곳으로 가라는 것이 아니라 종교적인 무리로부터 떨어져 나오라는 것이다. 제자들이 받았던 가장 큰 고통 중 하나가 바로 이것이었다. 당신 역시 예수님께 충성한다면 이렇게 해야 한다. 그렇지만 여기에는 큰 외로움이 따르기 때문에 주저하게 된다.

욥이 아주 악하다고 확신했던 엘리바스는, 왜 하나님이 욥을 오래 참으시는지 의아했다. 아마도 엘리바스가 하나님의 위치에 있었다면 그는 당장 욥을 쳤을 것이다. 하지만 욥은 '실체'와 직면해 있었다. 오늘날 사람들은 "그 일이 옳은가?"라고 묻지 않고 "그 일이 현실적인가?"라고 묻는다. 즉, 어떤 일이 옳은지 그른지에 대해서는 별로 관심이 없고 중요하게 여기지도 않는다.

당신은 참 하나님을 알고 있는가? 아니면 당신 자신을 위해 바리새적인 옷을 만들어 입고 있는가? 욥은 바리새적인 옷을 거부했고 자신이 그르다는 것에 대해서도 인정하지 않았다. 앞으로도 욥은 친구들의 신조가 옳다고 말하지 않을 것이다. 그는 진퇴양난의 상황이지만 하나님이 나타나실 때까지 참고 기다릴 것이다.

구속을 바탕으로 드리는 기도 23-24장

"내가 어찌하면 하나님을 발견하고 그의 처소에 나아가랴 어찌하면 그 앞에서 내가 호소하며 변론할 말을 내 입에 채우고"(23:3-4).

갈등이 없는 현실은 없다. 만일 당신이 씨름하고 있지 않다면 그것은 누군가가 당신을 위해 대신 씨름하고 있기 때문이다. - 포시스

우리가 구속을 누리는 것이 쉬워 보이는가? 그렇다면 그 이유는 하나님께서 그토록 큰 대가를 지불하셨기 때문일 것이다. 신앙생활을 쉽게 시작했는가? 그렇다면 그 이유는 누군가가 당신을 위해 큰 대가를 치렀기 때문일 것이다. 하지만 당신이 쉽게 갖게 된 그 경험을 모든 사람의 삶에 적용되는 진리로 여기지 마라. 만약 그렇게 했다가는 오류에 빠지게 될 것이다. 우리는 오직 우리를 위해 대가를 치르신 분의 경험을 취하는 경우에만 '실체'에 닿을 수 있다.

지식이 많다고 해서 만사의 근원이 왜 고통이어야 하는지에 대해 아는 것은 아니다. 인간은 구원의 바탕이 왜 구속이어야 하는지 알지 못한다. 다행히 욥과 사도 바울 같은 이들이 우리를 만사의 근원으로 인도한다. 그들은 모두 큰 사건을 당한 이후로 만사의 근원에 이르는 경험을 했다. 그들의 메시지는 우리의 삶이 흔들릴 때, 우리가 어디로 가야 할지를 잘 알려 준다.

"오! 그분을 찾을 수 있는 곳을 알 수만 있다면!"

욥의 이 절규는 구속을 바탕으로 드린 기도의 시작으로, 이성적인 사고나 종교적인 열심으로 가능한 것이 아니었다. 하나님을 찾는 길은 '기도'이다. 그런데 오늘날의 기도는 논리적인 원칙들을 기초로 한 훈련과 의식이 되어 버렸다. 그래서 사람들은 더 이상 온몸과 전심을 다해 기도하지 않는다. 의식에 맞춰진 기도는 아주 아름다운 언어로 표현되지만, '실체'를 나타내지 못하고 반복적으로 읊어질 뿐이다. 또한 그 안에는 아픔도 경이로움도 없다. 이러한 기도로는 삶의 비극에서 빠져나올 수 없다. 오직 구속에 바탕을 둔 기도여야만 가능하다. 슬프게도 우리는 벼랑 끝에 설 때까지 기도하지 않는다.

> "주리고 목이 말라 그들의 영혼이 그들 안에서 피곤하였도다 이에 그들이 근심 중에 여호와께 부르짖으매 그들의 고통에서 건지시고"(시 107:5–6).

이 전쟁으로 인해 수많은 사람들이 생애 처음으로 하나님께 기도를 드리기 시작했다. 그들은 벼랑 끝에 몰려서야 기도를 하기 시작한 것이다. 그러나 그것은 겁쟁이 같은 태도가 아니었다. 기도는 '실체'를 볼 수 있는 유일한 길이다. 이러한 때에는 반드시 기도해야 한다.

그렇다면 우리는 어떻게 구속이 모든 것을 감당하는지 또는 부분적으로 감당하는지 알 수 있는가? 결코 논리로는 알 수 없고, 오직 기도로만 가능하다. 당신은 기도를 통해 응답을 얻고, 이로 인해 하나님을 확신하게 될 것이다. 그러나 엘리바스처럼 논쟁을 한다면 아무 것도 얻지 못할 것이다. 통찰력은 논쟁으로가 아닌 기도로 얻는 것이다. 우리 대부분은 자만에 빠져 스스로를 지혜롭게 여긴다. 그래서 자신만의 틀로 만사를 바라보려고 한다. 살면서 나를 위해 기도해 주는 기도의 동역자를 얻는 것보다 더 귀한 것은 없다. 하나님은 그분의 능력을 중보자들의 기도에 연결시켜 놓으셨다.

구속은 하나님이 모든 것을 지불하셨기에 우리가 쉽게 누릴 수 있는 것이다. 하지만 우리도 지불해야 할 것이 있다. 그것은 나 자신에 대한 스스로의 권리를 포기하는 것으로, 이를 위해서는 육체의 정욕과 대항하여 싸워야 하며 예수 그리스도의 죽음과 함께 죽어야 한다. 그런데 이러한 것들이 우리 안에서 갈등을 일으킨다.

우리 대부분은 '나가서 삽을 뜨는 것'보다 뭔가를 쉽게 얻는 것을 더 좋아한다. 하지만 실제로 일들을 풀어나가는 사람은 '나가서 삽을 뜨는' 사람들이다. 어떤 대가를 치르더라도 '실체'에 닿기로 결심한 사람들은 '실체'를 언급하지 않는 그 어떤 종교적인 설명도 받아들이지 않는다. 그들은 다음 세대를 위해 대가를 지불하는 자들이다. 우리가 자연 세계에 존재하는 이유는 어머니들이 우리를 낳기 위해 출산의 고통을 경험했기 때문이다. 가치 있는 것은 언제나 그만한 대가가 치러진다.

알맹이 없는 장황한 연설 25장

"수아 사람 빌닷이 대답하여 이르되 하나님은 주권과 위엄을 가지셨고 높은 곳에서 화평을 베푸시느니라 그의 군대를 어찌 계수할 수 있으랴 그가 비추는 광명을 받지 않은 자가 누구냐"(25:1-3).

현대의 사악한 바리새주의는 거짓된 사람들이 아니라 고자세를 지닌 무의식적인 위선자들이다. 그들은 이기주의와 성급한 확신, 그리고 안이한 종교성을 지니고 있다. - 포시스

여기서 빌닷의 말은 주제에서 한참 벗어나 있다. 빌닷 같은 유형의 현대 바리새인들은 자기 자리를 지키는데 여념이 없다. 그들은 어떤 문제에도 관심이 없다. 문제가 생기면 장황한 설명만 할 뿐이다. 엘리바스는 우월한 자리를 선점한 후 욥을 괴롭혔다. 그는 욥이 왜 고난을 당하는지 다 안다고 착각하고, 자신의 원칙을 위해 욥과 치열하게 싸웠다. 하지만 그는 결코 '실체'를 접하지 못했다. 욥과 다르게 빌닷은 철저하게 무지하며 또한 무모했다. 그는 말을 할 때 신중하게 생각하지 않고 그냥 막 뱉었다. 욥은 그런 빌닷 때문에 괴로워하기보다 오히려 그를 불쌍히 여겼다. 빌닷 같은 유형은 교회 안에서 종종 볼 수 있다. 그들은 미사여구를 반복하고 심오한 말들을 하지만, 그 속에는 알맹이가 없다. 욥의 친구들은 계속 피상적인 말을 하면서 "이것이 자네가 원하는 것이 맞아"라고 주장했다.

인간은 자신의 생각과 마음이 쉴 수 있는 어떠한 곳을 원한다. 그 유일한 쉼의 장소는 하나님뿐이며 그분께 나아가는 유일한 방법은 기도이다. 혹시 당신의 기도가 아무것도 없이 텅 비어 있진 않은지 지금 점검해 보라. 예수님은 "구하라 그리하면 받으리니"라고 말씀하셨다. 그런데 우리는 구하지 않고 염려만 한다. 그러나 1분만 기도해 보라. 하나님이 역사하실 것이다. 그분이 기도에 응답하시는 이유는 구속을 바탕으로 하시기 때문이다. 예수님은 "네가 좋아하는 것을 구하라. 그러면 네가 받을 것이다"라고 말씀하지 않으시고, "네 뜻이 네게 진정 문제가 되는 그 일에 있을 때 구하라"고 하셨다. 그리고 그 기도에 응답하겠다고 약속하셨다.

CHAPTER 14

비유 안에 숨겨진 의미

• 욥기 26–31장

피가 서서히 빠져나가 내 빛이 약해지고
신경이 얼얼하고 가슴이 아프며
내 모든 지체가 쇠약해질 때
내게 가까이 오소서
내 감각이 고통을 감당하지 못할 때
내게 가까이 오소서

시간은 나를 먼지로 돌아가게 하고
내 생명은 내던져진 불꽃같네
내 믿음은 메마르고
내 인생은 늦봄의 파리들이 알을 낳고, 쏘며, 노래하고,
작은 집을 짓다 죽는 것과 같으니
내게 가까이 오소서

생의 끝을 향해 시름시름 앓을 때
생명의 어두운 끝, 곧 영원한 날의 황혼에 있을 때
내게 가까이 오소서

– 테니슨(Tennyson)

'비유'는 이 땅의 이야기이다. 그러나 우리는 그 안에 숨겨진 뜻을 알지 못한다. 그것은 우리의 삶을 디자인하신 하나님의 영역 안에서만 발견되기 때문이다. 욥은 자신의 이야기를 듣고 말하는 친구들의 설명이 형편없다고 말한다. 그의 말에 따르면, 친구들은 그의 이야기를 전혀 이해하지 못하고 있다. 그렇다. 하나님만이 그가 겪고 있는 모든 일에 대해 설명해 주실 수 있는 유일한 분이시다.

영혼의 장엄함 26장

> "보라 이런 것들은 그의 행사의 단편일 뿐이요 우리가 그에게서 들은 것도 속삭이는 소리일 뿐이니 그의 큰 능력의 우렛소리를 누가 능히 헤아리랴"(26:14).

자연의 웅장함은 그것들에 대한 지적인 이해를 집어삼킨다. 예를 들어 험준한 산을 볼 때 우리는 웅장함을 느낀다. 아마 그것을 한 번도 느끼지 못한 사람은 없을 것이다. 이렇듯 이 땅은 웅장함과 장엄함을 느끼기에 충분하다. 그러나 그 장엄함에 대해 설명하려면 사람이 아닌 하나님이 필요하다. 이처럼 사람이 자연의 장엄함을 설명할 수 없다면, 영혼의 장엄함을 어떻게 설명할 수 있겠는가! 우리는 인간에게서 설명을 기대해서는 안 된다. 자연의 장엄함은 이성으로 설명될 수 없으며 논리를 초월한다. 욥은 이를 인식하고 "만일 너희가 인간의 영혼의 그 깊은 장엄함을 설명할 수 있다고 생각한다면 너희는 인간의 삶을 충분히 숙고해 본 적이 없다"라고 시사한다. 시편의 시인은 이렇게 표현한다.

> "나의 하나님, 당신은 산들과 깊은 바다의 하나님이시며 이른 아침과 늦은 밤의 하나님이십니다. 하지만 나의 하나님, 내 안에는 이 것들보다 더 깊은 심연이 있습니다. 내 영혼 안에는 더 신비로운 것들이 있어서 나는 내 자신의 길을 측량할 수 없습니다. 그러므로 오 하나님, 저를 살피소서"(시 139 참조).

욥 역시 이러한 선상에 서 있다.

> "보라 이런 것들은 그의 행사의 단편일 뿐이요 우리가 그에게서 들은 것도 속삭이는 소리일 뿐이니 그의 큰 능력의 우렛소리를 누가 능히 헤아리랴"(26:14).

욥기에서 자연은 언제나 험한 것으로 언급된다. 이 부분이 오늘날 우리가 망각하고 있는 부분이다. 우리는 천둥과 일몰에 대해 말할 때 과학적인 설명만을 하려고 한다. 그러면 결론은 "자연 안에서 설명되지 않는 장엄함이란 아무것도 없다"가 된다. 이것이 옳은 결론인가? 아니다. 자연의 야성이 인정되어지지 않았다. 땅과 하늘, 바다에는 인간의 설명과 조종을 좌절시키는 힘이 있다. 자연의 장엄함은 논리로도 과학으로도 설명될 수 없다.

후각에 문제가 있는 한 과학자가 있다고 가정해 보자. 그는 "장미는 향기가 없다"라는 전제를 세우고, 그것을 증명하기 위해 장미를 해부하여 온갖 검사를 실시한 후 그 결과를 도표화하여 다음과 같이 발표했다.

"향기가 어디 있습니까? 장미에 향기가 있다는 것은 허구입니다. 나는 장미에 향기가 없다는 것을 입증해냈습니다."

이 세상에는 과학이 설명할 수 없는 부분이 항상 있다. 그러니 당신도 이것을 거부하지 말고 욥처럼 말해야 한다.

"설명할 수 없는 사건이 있다는 것은, 하나님께서 개입하셔야만 한다는 뜻이라네."

미묘함 사이의 차이 27장

> "욥이 또 풍자하여 이르되 … 나는 결코 너희를 옳다 하지 아니하겠고 내가 죽기 전에는 나의 온전함을 버리지 아니할 것이라 내가 내 공의를 굳게 잡고 놓지 아니하리니 내 마음이 나의 생애를 비웃지 아니하리라"(27:1,5-6).

하나님의 계시는 항상 명확하다. 언제나 기본적이며 단순하다. '단순 복음'(simple Gospel)은 이해하기가 단순하다는 의미가 아니라 하나님께서 자신을 계시하시는 방법이 단순하다는 의미이다. 욥은 이렇게 말한다.

"나는 지금 겪고 있는 일에 대한 아무 설명도 듣지 못했네. 자네들의 신조에 따른 설명은 나를 짜증나게 할 뿐이라네. 왜냐하면 자네들은 내가 아는 사실들을 다 빼놓고 말하기 때문일세. 지금 자네들은 우리 가운데 그 누구도 만나보지 못한 그분을 설명하려 하고 있다네."

욥은 화풀이하기 위해서가 아닌 정직함으로 말한다.

"만일 내가 자네들의 설명에 '옳다'라고 한다면 내 양심을 거스르는 죄를 짓는 것일세. 자네들은 진리를 말한다고 생각하겠지만, 사실은 거짓을 말하고 있다네."

엘리바스의 미묘함과 욥의 미묘함 사이에는 차이가 있다. 엘리바스는 악한 자의 역사를 요약하면서 이렇게 주장했다.

"하나님은 악한 자를 벌하시기 위해 이 모든 일을 행하셨다."

하지만 욥은 인간의 인생은 표면적으로 설명될 수 없고, 오직 각 사람을 다루시는 하나님만이 설명하실 수 있다고 믿었다. 엘리바스가 말한 악한 자에 대한 묘사는 욥에 대한 은밀한 정죄였다. 그는 욥이 겪는 현재의 상태를 악한 자가 당하는 비참한 상태로 묘사함으로써 "네가 바로 그 사람이다"라고 계속 암시하고 있는 것이다. 이에 욥은 이렇게 대답했다.

"자네의 말은 나를 위로하는 것도 아니며 도움을 주는 것도 아니라네."

욥은 결코 자신이 선하다는 것을 증명하거나 자기 자신을 자랑하며 반박하지 않았다. 다만 그는 "내가 악해서 고난 받는 것은 아니다"라고 분명하게 말하면서 버티고 있었다.

"지금 자네는 하나님을 다 아는 것처럼 행세하며 악한 자에 대한 많은 말을 하고 있네. 그러나 나는 악한 자가 아님에도 불구하고 지금 자네가 말하고 있는 그 악한 자의 경험을 하고 있는 것일세."

욥이 당하는 고난에 대한 설명은 이 땅이 아닌 하늘에서 시작되어야 한다. 그의 고난은 징계가 아니었다. 비록 욥은 고난의 이유를 알지 못했지만, 자연의 장엄함을 설명하실 수 있는 분이 자신이 겪는 고난도 설명해 주실 것이라는 사실을 놓치지 않았다.

"그분이 나를 죽이실지라도, 내 신조가 떠나고 모든 것이 파멸된다 할지라도 여전히 나는 그분을 신뢰할 것이다."

이 말을 풀면 다음과 같다.

"그분이 나를 구원하실 것을 신뢰하는 것이 아니다. 오직 그분은 고결하시고 의로우시며 진실하시다는 것을 믿는 것이다. 그분이 나를 멸망시키는 것처럼 보일지라도 그분의 고결함을 끝까지 믿는 나의 믿음은 마침내 의롭다함을 얻을 것이다."

현재(제1차 세계대전 당시) 대영 제국에 대한 수많은 소문들이 돌고 있다. 그것은 바로 하나님이 우리의 죄로 말미암아 우리를 벌하고 계신다는 내용이다. 그러나 이 말은 하나님에 대한 형편없는 왜곡이다. 죄는 오직 갈보리 십자가의 구속에 의해서만 제거될 수 있다. 만일 하나님이 죄 때문에 심판하기 시작하신다면 이 땅에 남아 있을 국가는 하나도 없을 것이다.

사실을 왜곡시키는 미묘한 말들에 주의하라. 이렇게 말하는 사람들은 상대방을 고문하는 것이나 마찬가지이다. 욥의 친구들은 욥을 이렇게 고문했다.

"우리는 자네에게 일어난 이 모든 사건을 잘 알고 있고, 그 사건들은 자네가 악하다는 것을 설명하기에 충분하네. 그런데 자네는 자네가 악하다는 것을 전혀 깨닫지 못하고 있군. 그러니 우리가 자네를 위선자라고 부르는 수밖에…. 우리의 신조에 따르면, 하나님은 그분을 믿는 자들에게 복을 베푸시네. 그러나 자네는 복을 받기는커녕 모든 면에서 저주를 받고 다 잃지 않았는가. 그러니 자네는 악한 사람임에 틀림없네."

만일 욥이 지나치게 예민하고 여린 마음을 지녔더라면 이렇게 반응했을 것이다.

"오, 나는 내가 생각하는 것보다 훨씬 더 악한 사람이었구나. 나는 죄책감을 가져야 마땅해."

그러나 욥은 진실을 붙들고 이렇게 말했다.

"아닐세. 나는 늘 정결했고 악한 일을 하지 않았네. 자네들이 무슨 말을 해도 그것은 내가 고통 받는 이유가 되지 못하네."

법칙과 예외 28장

"은이 나는 곳이 있고 금을 제련하는 곳이 있으며 철은 흙에서 캐

내고 동은 돌에서 녹여 얻느니라”(28:1–2).

모든 상식적인 일은 상식으로는 설명될 수 없는 어떠한 부분을 포함하고 있다. 따라서 그 설명을 위해서는 뭔가를 필요로 한다. 매일 밤낮으로 발생하는 일들은 우리가 설명할 수 없는 것들을 계시한다.

어떤 과학자가 자신의 설명에서 괴리를 발견했다면, 단지 그것을 인정하는 것으로 끝내서는 안 된다. 그는 자신이 이해할 수 없는 것들에 대해 겸허해져야 한다. 그런데 대부분의 사람들은 어떤 사실이 자신의 생각과 말로 설명되지 않을 때 그 사실을 부인한다. “예외는 법칙을 입증한다”는 말은 틀린 말이다.

“예외는 법칙이 먹혀들지 않는다는 사실을 입증한다.”

법칙은 매우 유용하다. 과학자들이 한 전제를 세워놓고 그것을 믿는 이유는, 그 전제가 옳을 가능성이 대단히 높기 때문이다. 하지만 법칙에 대한 예외는 항상 있다. 과학을 맹종하는 자도 지독히 어리석은 자이지만 이런 예외에 대해 겸허해지기를 거절하는 자 역시 지독히 어리석은 자이다. 마찬가지로 기도하기를 거절하는 사람은 자기 두뇌에 갇혀 있는 눈먼 인생이다. 그들은 어두운 길에서 벗어나는 길을 발견하지 못할 것이다. 하지만 기도하는 사람은 어리석은 자가 되기를 거절하는 자이다. 욥은 기도만이 이 모든 문제로부터 빠져나올 수 있는 길이라고 외친다.

"그런즉 지혜는 어디서 오며 명철이 머무는 곳은 어디인고 … 또 사람에게 말씀하셨도다 보라 주를 경외함이 지혜요 악을 떠남이 명철이니라"(28:20,28).

그늘의 신비 29장

"나는 지난 세월과 하나님이 나를 보호하시던 때가 다시 오기를 원하노라 그 때에는 그의 등불이 내 머리에 비치었고 내가 그의 빛을 힘입어 암흑에서도 걸어다녔느니라"(29:2-3).

진리는 언제나 처형대에 놓여 있고, 비(非) 진리는 언제나 왕좌에 앉아 있다. 그러나 언젠가 그 처형대는 미래를 흔들 것이다. 왜냐하면 그 배후에 계신 하나님이 그분의 그늘 아래 있는 자녀들을 전부 살펴보고 계시기 때문이다.

'그늘'은 역사나 개인의 체험 가운데에서 신비에 의하여 감추어진 부분을 묘사할 때 사용되는 표현이다. 그것은 이성이나 종교적인 신조로 설명될 수 없고, 모든 것을 분명하게 하실 하나님을 믿는 믿음에 의해서만 가능하다. 욥은 인간이 살면서 정확하게 예상할 수 있는 것은 아무것도 없다고 했다. 그런데 우리는 어떤 사람이 올바르게 산다면, 그에게는 반드시 성공이 따라올 것이라고 말한다. 하지만 이러한 논리로는 삶을 계산할 수 없다. 자신이 설명할 수 없다고 해서 그 부분을 한쪽으로 밀쳐놓지 마라. 인생에는 반드시 설명할 수 없는 부분이 있음을 기억하라.

만사에는 괴리와 광포가 있다. 그렇기 때문에 하나님이 개입하셔서 다스리지 않으시면 아무런 소망이 없다. 감사하게도 하나님은 구속에 의해 개입하셨다. 이제 우리의 역할은 적극적으로 하나님을 신뢰하는 것이다. 만일 우리가 인격적이지 않은 어떤 절대적인 힘에 의해 쓸려가는 가을 낙엽 같다면 비관론자들의 주장이 옳다. 하지만 그렇지 않다면 예수 그리스도의 구속에 의한 출구가 있다.

죄인 취급함 30장

> "이제는 그들이 나를 노래로 조롱하며 내가 그들의 놀림거리가 되었으며 그들이 나를 미워하여 멀리 하고 서슴지 않고 내 얼굴에 침을 뱉는도다"(30:9-10).

예수 그리스도는 지금 욥이 묘사하고 있는 바로 이 상황 가운데 계셨다. 주님은 그 당시에 가장 천박한 죄인 취급을 당하셨다.

> "보라 먹기를 탐하고 포도주를 즐기는 사람이요 세리와 죄인의 친구로다"(마 11:19).

또한 두 죄인 사이에서 죽임을 당하셨다. 이것을 보면 "덕 있는 사람은 반드시 영예를 얻는다"라는 설명이, "선한 사람은 악한 자에게 임하는 형벌을 반드시 피하게 된다"라는 설명이 불가능하다.

고난 속에서 만난 하나님 31장

> "만일 내가 허위와 함께 동행하고 내 발이 속임수에 빨랐다면 하나님께서 나를 공평한 저울에 달아보시고 그가 나의 온전함을 아시기를 바라노라"(31:5-6).

욥은 신조에 대한 언급들과 그에 따른 도덕적인 판결에 대해 점검하고 있다. 그 후 자기 자신이 겪고 있는 경험을 통해 그 판결에 대해 따지고 있다.

"내가 하나님 앞에서 내가 아닌 다른 누군가를 만들어내고 있다고 생각하는가? 내 말을 지지해 줄 만한 사실들이 없다면, 내가 이토록 하나님께 무례가 되는 말을 하겠는가? 나는 두 가지를 결심했네. 하나는 자네들이 뭐라 해도 나는 하나님 앞에서 책망 받을 만한 일을 한 적이 없다고 계속해서 말할 것이고, 다른 하나는 저지르지도 않은 죄에 대한 죄책감을 느낀다고 거짓말하지 않겠다는 것일세. 비록 아직은 하나님을 보지 못하고 알지 못하지만, 나는 모든 면에서 하나님 앞에 흠 없이 서겠네. 나는 그분이 자네들이 말하는 것과는 다른 분이라는 사실을 고수할 걸세. 언젠가 그분을 뵈올 때, 그분은 내게 진리를 말했다고 말씀하실 걸세."

"욥기 31장은 과거 세대의 이야기일 뿐, 지금 우리는 매우 발전된 세대에 살고 있지 않느냐"고 말하는 것은 매우 어리석다. 물론 우리는 분명 그때와 다른 세대를 살고 있다. 하지만 지금이 반드시 더 나은 세대라고 볼 수는 없다. 우리 중에 누가 욥만큼 진실할 수 있겠는가? 세대에 대한 타령은 하나님과의 인격적인 관계 대신 자신의 원칙을 삶의 인도자로 삼을 때 나오는 것이다. 만일 당신이 공포나 미신으로 인해 하나님을 예배하고 있다면 그것은 아주 잘못된 것이다. 그 마음은 "은밀히 미혹되었다." 우리가 하나님께 나아가는 이유는, 그분이 우리에게 아무 이유 없이 어떤 일을 하라고 강압하는 마법을 부리는 신이 아니라 거룩하고 공의로우신 분이기 때문이다.

오늘날 우리는 욥의 친구들이 그를 갈가리 찢어놓았던 것과 똑같은 일을 다루고 있다. 당신은 누군가가 이렇게 말하는 것을 들어보았는가?

"나는 당신이 말하는 그런 하나님을 받아들이지 않을 것이다. 또한 감히 거절할 것이다. 그 이유는 하나님은 도덕적인 분이 아니시기 때문이다. 당신의 설명에는 그릇된 내용이 담겨 있다. 나는 당신이 말하는 신을 나의 구원자로 여기고 나아갈 수 없다."

욥은 자신이 전에 알고 있던 교리 속에 하나님과 고난 속에서 만난 하나님이 전혀 다르다고 말하고 있다. 이처럼 당신도 교리가 설명할 수 없는 사실들이 있다는 것을 인정하라. 물론 나는 신학을 허락해 주신 하나님께 감사드린다. 하지만 신학은 둘째이지 첫째가 되어서는 안 된다. 만일 신학을 첫째로 두게 되면, 우리는 욥의 친구들이

한 일을 똑같이 하게 될 것이다. 즉, 사실을 있는 그대로 보기를 거절하고 하나님의 성품을 왜곡하는 어떤 사상을 붙잡게 될 것이다. 하지만 종국에 하나님은 그분의 영광을 위해 모든 거짓을 막으실 것이다.

CHAPTER 15

참된 권위를 향한 갈망

• 욥기 32-37장

그러므로 하늘에 계신
너희 아버지의 온전하심과 같이
너희도 온전하라

– 마태복음 5장 48절

엘리후에게서는 '권위를 향한 열정'이 나타난다. 반면 대부분의 사람들은 욥의 상황에 처할 때, 권위로부터 떨어져 나가는 경향을 보인다. 만약 욥보다 유약한 사람이라면 궤변가가 되어 "모든 사람은 각기 자신에게 법"이라고 말하게 될 것이다. 즉, 자신의 양심이 법이라는 것이다. 욥은 이러한 부류에 속하지 않았으며 엘리후 역시 마찬가지였다. 권위에 대한 열정은 고상한 것이다. 하지만 엘리후는, 권위는 뛰어난 '도덕적인 진실성'에서 생겨날 때 자격을 지닌다는 사실을 놓쳤다. 단지 조직에서 더 높은 위치에 있다는 이유만으로 권위가 서는 것은 아니다.

엘리후는 하나님이 무엇을 말씀하시든 그 말에는 반드시 권위가 있다고 여겼다. 반면 욥은, 하나님은 어떤 분이시기에 그런 말씀을 하시는가에 대해 알기를 원했다.

"그 하나님은 도덕적인 바탕과 상충하지 않는 성품을 지닌 분이신가, 인격적인 분이신가?"

권위는 도덕적인 부분에 속해야지 미신적인 성격을 지녀서는 안 된다. 그런데 엘리후의 주장은 '하나님이 그렇게 말씀하셨기 때문에' 그것으로 충분하다는 것이었다. '그 신조가 그렇게 말하기 때문에' 맹목적으로 받아들여져야 한다는 것이었다. 어떤 특정한 권위가 없는 상태는 불법의 상태이다. 하지만 자기 자신의 내면적인 권위만을 붙드는 것은 맹목적인 외적 권위만큼이나 악하다. 이 둘은 어떻게 해서든 서로 만나야 한다.

독재적인 권위 32장

'독재적인 권위'는 어떤 진실한 인격체의 권리로 다스리는 것이 아니라 강압적인 권리로 다스리는 것을 뜻한다. 나폴레옹은 예수님에 대해 이렇게 말했다.

"그는 최고의 거룩함을 지녔기에 모든 영혼을 자신의 일부로 만드는데 성공했다."

많은 사람들이 강압적인 수단으로 권위를 행사한다. 하지만 예수님은 결코 그렇게 하지 않으셨다. 그래서 그분의 권위는 자격이 있다. 그분은 우리가 알지 못하는 하나님의 영역에서 뿐만 아니라 인간의 영역에서도 권위를 행사하실 자격이 충분히 입증되셨다. 예수님은 그러한 자격이 되셨기에 결국 '책'을 열게 되셨다(계 5장 참조). 권위가 지속되려면 독재적인 권위도, 강압적인 권위도 아닌 예수 그리스도의 권위와 같아야 한다. 이러한 권위 앞에. 인간 안에 있는 모든 가치 있는 것은 엎드려 절할 것이다. 그러나 가치 없는 것들은 자격이 되는 그 훌륭한 권위에 복종하지 않을 것이다.

조용함 속에 숨겨진 교만 32:1-22

"부스 사람 바라겔의 아들 엘리후가 대답하여 이르되 나는 연소하고 당신들은 연로하므로 뒷전에서 나의 의견을 감히 내놓지 못했노라 보라 나는 당신들의 말을 기다렸노라 당신들의 슬기와 당신들의 말에 귀 기울이고 있었노라 내가 자세히 들은즉 당신들 가운데 욥을 꺾어 그의 말에 대답하는 자가 없도다"(32:6, 11-12).

엘리후의 말을 들으면 그가 예절이 무척 바른 사람 같다. 하지만 실상은 그렇지 않았다.

"나는 당신들이 말하는 것을 들으며 기다려왔는데 참 짜증이 났소. 그 이유는, 욥은 하나님을 희생시키면서까지 자기 자신을 정당화했고, 당신들은 올바른 방법으로 그에게 도전하지 못하고 중도에 중단했기 때문이오. 그러니 이제는 내가 말하겠소."

"람 종족 부스 사람 바라겔의 아들 엘리후가 화를 내니 그가 욥에게 화를 냄은 욥이 하나님보다 자기가 의롭다 함이요"(32:2).

엘리후는 수줍고 조용한 사람같아 보이지만, 자세히 보면 우월감과 교만으로 차 있다. 조용하거나 수줍어하는 사람들 중에 꼭 이런 사람들이 있다. 사실 엘리후가 입을 다물고 있었던 실제 이유는 겸손 때문이 아니었다. 단지 청중을 얻기까지 말하지 않은 것뿐이었다.

"나는 사람들이 내 말을 들을 준비가 될 때까지 내 생각을 말하지 않을 거야. 나는 평범한 대화 따위에 급하게 끼어들고 싶지 않아. 가장 좋은 때를 기다리겠어."

엘리후는 하나님이 절대자이시기에 무조건 권위가 흘러나온다고 말하고, 욥은 이에 대해 반대하고 있다. 욥의 주장은 이러하다.

"나는 미신에 근거한 무조건적인 권위는 받아들이지 않겠네. 나는 그 권위가 도덕적이고 인격적인지 먼저 알아야 한다고 생각하네."

이것은 엘리후가 전혀 보지 못한 부분이었다.

독재적인 권위의 주장 33장

복종의 영적인 의식

"내가 그대에게 대답하리라 이 말에 그대가 의롭지 못하니 하나님은 사람보다 크심이니라 하나님께서 사람의 말에 대답하지 않으신다 하여 어찌 하나님과 논쟁하겠느냐"(33:12-13).

사실 욥의 친구들이 욥에게 보인 적대감은, 그들이 자신들의 신조에 대해 흔들리고 있음을 보여주는 것이나 마찬가지였다. 하지만 엘리후는 흔들리지 않았다. 그는 욥의 친구들의 신조를 받아들이지 않으면서도 나름대로 독재적인 권위에 바탕을 둔 자신만의 주장을 가지고 있었다. 즉, 그 누구도 하나님이 선한지 그렇지 않은지에 대해 말할 권한이 없다는 것이었다. 그 이유는 하나님은 가장 높은 권위를 가지고 계시기에 인간은 무조건 복종해야 한다는 것이었다.

하지만 어떤 영적인 세력에게 무조건 굴복하는 것은 위험하다. 운명론과 믿음의 차이가 바로 여기서 나타나는데, 운명론자들은 이렇게 말한다.

"내 인생과 앞으로 살아갈 날은 이미 정해져 있다. 나는 좋든 싫든 그 권력자 앞에 굴복해야 한다. 그의 성품 따위는 관심 없다. 아무튼 나보다 더 세니까 굴복해야 한다."

반면 믿음의 순종은 권력자의 성품을 알고 따르는 것이다. 이것이 욥이 취한 노선이다. 이것이 변함없는 믿음의 태도이다.

"비록 지금은 그분이 행하시는 모든 일이 수수께끼 같고 흐릿하지만 나는 그분의 성품을 믿기에 끝까지 순종하겠다."

만일 당신이 참 그리스도인이라면 예수 그리스도 안에 계시되는 하나님의 성품을 경험했을 것이다.

> "네가 나를 알지 못하느냐 나를 본 자는 아버지를 보았거늘"(요 14:9).

그러므로 예수 그리스도 안에 드러난 하나님의 성품과 어긋난다면 그 어떤 신도 참 하나님일 수 없다. 우리는 하나님의 성품이 거룩하고 참되다는 것을 안다. 하나님으로부터 나오는 권위는 맹목적인 권력에 기초하지 않고, 우리 안에 있는 모든 선한 것이 가장 귀하게 여겨지는 그러한 가치 선상에 있다. 그러므로 나 역시 그런 하나님께 복종한다.

엘리후는 다음과 같은 욥의 말에 분노했다.

"나는 자네들이 말하는 것들을 하나님이 작정하셨다고 믿을 수 없네. 자네들은 내게 하나님에 대한 자네들의 신조가 틀릴 수 있다는 여지를 주어야 하네. 자네들은 자네들의 신조를 내세우며 계속 내가 틀렸다고 말하지만, 내가 분명히 아는 사실들까지 부정한다면 내가 알 수 없는 사실들에 대한 자네들의 설명을 내가 어떻게 받아들일 수 있겠는가?"

엘리후는 "하나님은 자기 자신에 대해 설명하지 않으신다"고 말한다. 따라서 그의 신조에 따르면, 인간은 하나님을 확인하거나 그분에 대해 알아보려고 시도해서는 안 된다. 전능자가 말하면 무조건 순종해야 한다. 하지만 욥은 고난 가운데 그와 정반대의 태도를 취했다.

"나는 자네가 최고의 권위를 지닌 전능자라고 부르는 그분이, 내가 이해하는 거룩함과 일치하는 도덕적인 선상에서 다스리는지 알고 싶네."

종교적인 논쟁에서도 같은 문제가 발생한다. 당신은 교회의 권위에, 성경의 권위에, 또는 어떤 '인격자'의 권위에 복종하고 있는가? 만일 어떤 '인격자'의 권위에 복종하고 있다면, 그는 당신보다 모든 면에서 더 위대한 사람으로 입증되어야 한다. 만일 그 '인격자'가 나보다 더 위대하다면, 나는 당장 그의 권위에 무릎을 꿇을 것이다.

적의감에서 나오는 고발 34-35장

죄의 징계로서 받는 고난 34:35-37

"욥이 무식하게 말하니 그의 말이 지혜롭지 못하도다 하리라 나는 욥이 끝까지 시험 받기를 원하노니 이는 그 대답이 악인과 같음이라 그가 그의 죄에 반역을 더하며 우리와 어울려 손뼉을 치며 하나님을 거역하는 말을 많이 하는구나"(34:35-37).

엘리후는 지극히 주관적으로 말하고 있다. 그는 독재적인 권위가 분명히 있다고 말하고 있고, 욥은 그 권위를 찾고 있다고 말하고 있다. 그는 자신의 신조를 바탕으로 하나님에 대한 욥의 친구들의 설명을 불신하고 있고, 욥은 자신의 체험을 바탕으로 하나님에 대한 그들의 설명에 분개하고 있다.

엘리후는 이렇게 말한다.

"당신을 위선자라고 여기는 그들의 관점에 대해서는 뭐라 할 말이 없지만 당신이 죄인이라는 관점에서는 할 말이 많소. 당신은 하나님께 징계를 받고 있소. 당신은 지금까지 성급하고 거칠게 말해왔고, 이에 하나님은 징계하시는 것으로 당신에게 답변하고 계시오."

이러한 관점을 가지고 하는 말은 상대방의 마음에 죄책감을 주어 그를 쉽게 무너뜨린다.

감상적인 개념 35:10-11

"나를 지으신 하나님은 어디 계시냐고 하며 밤에 노래를 주시는 자가 어디 계시냐고 말하는 자가 없구나 땅의 짐승들보다도 우리를 더욱 가르치시고 하늘의 새들보다도 우리를 더욱 지혜롭게 하시는 이가 어디 계시냐고 말하는 이도 없구나"(35:10-11).

엘리후는 고상하게 말하고 있지만, 그의 긴 연설은 사실과는 무관한 동정심만 부추기는 내용이었다. 이처럼 고상하고 감상적인 말은 현실과 실제 사건들을 간과하게 하여 사람들을 비현실적으로 만든다.

체험은 매우 좋은 것이다. 하지만 그 체험을 판단할 수 있는 기준이 반드시 있어야 하며 그 기준은 절대적이어야 한다. 그리스도인에게 그 기준은 또 다른 그리스도인의 체험이 아니라 하나님이시다.

"그러므로 하늘에 계신 너희 아버지의 온전하심과 같이 너희도 온전하라"(마 5:48).

신약 시대 당시의 사람들은 사도들이 '예수님과 함께 했던 제자들'(행 4:13)임을 알았다. 왜냐하면 사도들이 예수님을 많이 닮아 있었기 때문이다. 그들의 체험과 그들의 성품은 하나님의 기준에 다다르고 있었던 것이다.

외적이면서도 동시에 내적인 권위가 반드시 있다. 안타깝게도 오늘날은 권위를 인정하지 않으려는 경향이 강하다. 사람들은 "나는 교회도 필요 없고, 성경도 필요 없고, 하나님도 필요 없고, 오직 내 자아를 실현하는 것만 필요하다"고 말한다. 이것이 궤변을 부리는 종교의 현대 모습이다. 인간이 지닌 모든 도덕성은 강요나 독재적인 권위가 아닌 자신이 존경할 만한 권위를 요구한다. 엘리후는 자신의 주관적인 생각 속에서 욥이 아무런 권위에 묶이지 않고 말하고 있다고 믿고 있었다. 한편, 욥은 실제 기준과 올바르게 연결되어 있었다. 그는 가치 없는 기준이 제시된 점에 대해 항의하고 있었다.

권위에 대한 해석 36-37장

> "엘리후가 말을 이어 이르되 나를 잠깐 용납하라 내가 그대에게 보이리니 이는 내가 하나님을 위하여 아직도 할 말이 있음이라" (36:1-2).

조심스럽게 말하건대, 만일 전능하신 하나님이 구체적이고 현실적이지 않은 분이라면 그분은 단지 추상적인 개념에 불과할 뿐이다. 그 이유는 어떤 이상이든 실현되기 전까지는 아무 힘이 없기 때문이다. 성육신의 교리는 하나님이 '현실'이 되신 것이다. 하나님께서 친히 인간의 몸을 입고 이 땅에 오셨다. '예수 그리스도'는 하나님과 사람이 하나가 된 이름일 뿐 아니라, 모든 사람이 하나님과 인격적인 교제를 가질 수 있도록 길을 만든 구세주의 이름이다. 예수 그리스도는 자신을 아버지께로 가는 유일한 길이라고 선언하신다.

"아들과 또 아들의 소원대로 계시를 받는 자 외에는 아버지를 아는 자가 없느니라"(마 11:27).

예수 그리스도를 최고의 권위로 인정하지 않는 신학은 기독교 신학이 아니다. 예수님은 "나는 길이요"라고 말씀하셨다. 이는 우리가 이미 지나간 '내 뒤의 길'을 말하는 것이 아니라 우리가 '머무는 길'을 말한다.

"나로 말미암지 않고는 아버지께로 올 자가 없느니라"(요 14:6).

언젠가 모든 사람이 강압적이지 않음에도 불구하고 완벽하신 예수 그리스도의 권위를 인정하게 될 것이다.

지존자의 최고의 성품 36:22-26

"하나님은 그의 권능으로 높이 계시나니 누가 그같이 교훈을 베풀겠느냐"(36:22).

엘리후는 '하나님'에게 도덕적이고 인격적인 자격은 필요 없다는 주장으로 다시 돌아간다. 그에게는 하나님이 최고의 존재라는 것만으로 충분하다. 그의 관점에서는 하나님이 도덕적인 것과 거리가 먼 명령을 내리셔도 상관없다. 또한 누군가가 하나님의 권위가 도덕적으로 옳은지를 감히 따진다면 그는 불경하고 위험한 사람이 된다.

우리는 교회나 성경, 신조의 권위는 받아들였으나 절대 권위의 문제에 대해서는 생각하기를 거절했다. 그래서 기독교가 예수 그리스도와의 인격적인 관계에 기반을 두고 있으며 우리의 책임을 바탕으로 서 있다는 사실을 망각해버렸다. 우리는 구속의 바탕 위에 구원을 얻었고, 하나님은 그분의 성령을 우리에게 부으셨다. 이때 주님은 우리가 그 관계를 토대로 하여 반응하기를 기대하신다. 그런데 우리는 예수님께서 "너희가 성경에서 영생을 얻는 줄 생각하고 성경을 연구하거니와 이 성경이 곧 내게 대하여 증언하는 것이니라 그러나 너희가 영생을 얻기 위하여 내게 오기를 원하지 아니하는도다"(요 5:39-40)라고 하신 말씀을 망각하고 우리의 책임을 교회나 성경, 신조에 떠넘기며 책임을 회피해버렸다.

성경을 이해할 수 있는 유일한 방법은 맹목적으로 그것을 받아들이는 것이 아니라, 예수 그리스도와의 인격적인 관계 안에서 읽는 것이다. 만일 우리가, 사람이 구원을 받기 전에 반드시 삼위일체 교리와 성경 영감설을 믿어야 한다고 주장한다면, 이는 말 앞에 마차를 두는 셈이다. 그러한 교리 내용은 그리스도인이 된 후에 알게 되는 것이지, 그리스도인이 되게 하는 요인이 아니다. 이처럼 결과를 원인보다 먼저 앞세울 때 문제가 발생한다. 이는 생명보다 생각을 앞세우는 것과 같기 때문이다.

예수님은 "내게로 오라. 만일 네가 나의 교훈이 하나님으로 온 것인지 알고자 한다면 그분의 뜻을 행하라"고 말씀하셨다. 과학자들은 이 세계를 아주 논리적으로 설득력 있게 잘 설명할 수 있다. 하지만 과학적인 설명이 중요한 것이 아니라 생명이 가장 중요하다. 신학도 마찬가지이다. 그것은 놀라운 작업이긴 하지만 첫째는 아니다. 하나님으로부터 오는 생명에 대한 지적인 표현의 체계일 뿐이다.

누가 정죄 받는가? 37:23-24

"전능자를 우리가 찾을 수 없나니 그는 권능이 지극히 크사 정의나 무한한 공의를 굽히지 아니하심이니라 그러므로 사람들은 그를 경외하고 그는 스스로 지혜롭다 하는 모든 자를 무시하시느니라" (37:23-24).

엘리후는 안타까운 마음으로 욥을 정죄하고 있다. 그의 정죄는 절대적이다. 그는 욥이 믿음에 있어서 파산했을 뿐 아니라 친구들의 입을 막을 수 있을 만큼 반항적인 사람이라고 선언하고 있다. 하지만 아무리 뭐라고 해도 욥은 그 어떤 것도 맹목적으로 받아들이지 않았다. 욥은 변함없이 이렇게 말했다.

"나는 당신의 말이 내가 체험하고 있는 것과 상충하는지 먼저 알아볼 것이다."

사도 바울은 사람의 지혜로 볼 때 미련한 '하나님의 어리석음'에 대해 말했다. 인간의 지혜는 예수 그리스도를 볼 때 "저 사람이 하나님일 리가 없어"라고 말한다. 당시 유대의 종교인들은 예수님을 보고 "당신은 참람한 사람이다. 당신은 전혀 하나님을 나타내지 않고 있다"라고 말했다. 반면 안나와 시므온은 예수님을 알아본 아브라함의 유일한 후손으로 다른 무리들을 정죄하는 본이 되었다. 이들은 하나님과 교통하는 삶을 사는 중에 베들레헴에 태어난 아기를 보고 그분이 하나님이심을 바로 알아보았다. 이로써 그 아기를 알아보지 못한 다른 모든 사람이 정죄를 받게 될 것이다. 무리들은 상징이나 신조 등에 눈이 가려져 주를 알아보지 못했다. 그들은 그토록 기다리던 예수님이 나타나셨는데도 그분을 알아보지 못했다.

욥기에 실린 대부분의 언급들은 (그가 말하는 언급들을 제외하고는) 사탄의 도전을 드러내고 있다.

"아무리 선한 사람일지라도 하나님 당신을 있는 그대로 사랑하지는 않을 겁니다. 당신은 욥을 완전하다고 여기지만, 그에게 주신 복들을 건드려 보십시오. 그러면 그는 당신의 면전에서 당신을 저주할 것입니다."

그렇게 해서 욥이 누렸던 모든 복은 파멸되었다. 하지만 욥은 하나님을 저주하지 않고 이렇게 말했다.

"나는 왜 고난을 당하는지 모르지만, 그 이유를 설명해 주실 오직 한 분, 하나님을 기다릴 것이다!"

하나님과 사탄의 '내기 조건'에 있어서, 하나님은 욥에게 보이지 않으셔야 했고 욥은 도움을 받아서는 안 되었다. 물론 욥도 도움을 구하지 않았다. 욥의 고난에 대한 설명은 그에게 절대로 알려지지 않은, 바로 이 부분이 고려되어야만 가능한 것이었다. 욥은 사탄과 하나님이 자신의 영혼을 전쟁터로 삼은 것을 전혀 알지 못했다.

욥기의 문제는 온 세상의 문제를 대표한다. 사람의 경험이 가볍든 끔찍하든 상관없이, 욥기의 내용은 왜 구속이 필요한지 우리에게 알려 준다. 이러한 선상에서 설명하지 않는다면, 인간의 경험은 설명할 수 없는 것들이 된다.

CHAPTER 16

실체를 향한 갈망과 만남

• 욥기 38-41장

우리는 가슴 안에 있는 불을 지피고 싶지만 그렇게 하지 못한다
멈춰버린 영 안에 우리의 영혼이 신비롭게 거하고 있다
깨달음 가운데 주어진 일들은 고난의 시간들을 통해 이루어진다

고통을 느끼는 손과 피 흘리는 발로
우리는 파고 쌓으며 돌 위에 돌을 얹는다
우리는 하루 종일 무거운 짐을 지고
그 일이 마치기를 바란다

하지만 빛의 때가 돌아오기까지는
이 모든 것을 조심해서 쌓아야 한다

– 매튜 아놀드(Matthew Arnold)

'신조'는 하나님에 대한 신학적인 언급이다. 하지만 욥의 경험은 신조가 하나님을 대신할 수 없음을 입증하고 있다.

하나님은 욥의 친구들의 잘못된 신조와 그분에 대해 잘못 설명한 내용들을 친히 정정해 주셔야 한다. 욥도 마찬가지이다. 그가 친구들의 설명을 받아들이지 않은 것은 잘한 일이지만, 그가 불가지론자로서 말한 부분에 대해서는 하나님께 꾸짖음을 받아야 한다.

우리가 앞이 보이지 않을 만큼 고통 속에 있을 때 더듬어 찾아야 할 것은 하나님이지 의를 향하는 성향도, 원칙들도 아니다. 실체의 배후에는 하나님이 친히 계시며, 최종 권위는 인격적인 관계에서 나온다. 기독교는 구속을 바탕으로 하는 '인격적인' 하나님과의 관계이다.

하나님의 음성 38:1-4

> "그 때에 여호와께서 폭풍우 가운데에서 욥에게 말씀하여 이르시되 무지한 말로 생각을 어둡게 하는 자가 누구냐 너는 대장부처럼 허리를 묶고 내가 네게 묻는 것을 대답할지니라 내가 땅의 기초를 놓을 때에 네가 어디 있었느냐 네가 깨달아 알았거든 말할지니라" (38:1-4).

하나님은 욥의 친구들과 욥 모두를 심문하신다. 그분은 그들이 그들의 지식을 바탕으로 하나님 앞에 설 것을 요청하신다. 그들은 자신들이 아는 것에 대해서는 진실하되, 모르는 것들에 대해서는 여지를 남겼어야 했다. 지금까지 욥은 작은 소리로 하나님께 호소해왔다. 물론 결코 미신적인 믿음을 붙잡고 호소하지 않았다.

하나님은 욥에게 충고하셨다.

"욥아, 너무 성급하게 결론을 내리지 마라. 사나이답게 허리를 동이고 기다려라. 지금까지 너는 나에 대한 왜곡된 말들을 허용하지 않고 잘 견디어왔다. 하지만 이제 너는 네가 알지 못하는 것도 있다는 점을 인식해야 할 것이다. 그리고 내가 네 순종에 근거해서 그것들에 대한 계시를 줄 때까지 나를 기다려라."

욥은 미신적인 행위로 하나님 앞에 절하지 않았다. 욥에게 무조건적인 복종을 요구하는 신은 하나님이 아니었다. 예수 그리스도는 누구에게도 강요하지 않으셨다. 그분은 복종시키기 위해 성직 제도나 초자연적인 능력, 소위 혁명과 같은 도구도 사용하지 않으셨다. 그분은 모든 사람이 서 있는 터 위에서 그들을 만나주셨다. 그분은 인간의 기지를 흔들어 자신에게 굴복하게 하는 방법을 거절하셨다.

법칙의 배후에 계신 하나님 38:4-41

'내재'(Immanence)란 하나님의 임재가 모든 만물에 스며들어 있다는 것을 의미한다. 하나님이 자연 안에 거하시는 것은 분명하지만, 그분이 자연이 아니라는 점도 분명하다. 우리는 자연의 법칙을 정의하고 그 법칙을 의지하지만, 하나님은 "잠깐! 그 법칙의 배후에 내가 있다는 사실을 기억하라"고 말씀하신다.

과학적인 독단은 종교적인 독단만큼이나 위험하다. 종교적인 독단은 무슨 일이 일어날 때, 경험을 통해서 왜 그런 일이 발생했는지를 설명한다. 하지만 언제나 인간의 경험 밖에서 발생하는 일들이 있고, 그 일들은 설명이 불가능하다. 경험을 통해 아는 것이 나쁜 것은 아니지만, 계시 외에 알 수 없는 것들에 대해서는 그 누구도 판단할 권리가 없다. 물론 우리는 과학적인 법칙들을 발견한 후 그 법칙들에 대해 말할 수 있다. 하지만 그것이 우리가 전혀 알지 못하는 다른 종교들에도 적용된다고 말한다면 이는 범주에서 벗어난 것이다.

자신의 경험과 지식에 기초하여 추론한 것으로는 절대 하나님을 발견할 수 없다. 만일 우리가 지식을 수단으로 하나님을 알 수 있다면, 예수님이 하나님을 계시하신다는 말은 다 헛소리이며 그분의 구속은 터무니없는 것이 된다.

욥은 하나님을 알 수 없다고 선언했다.

"나는 하나님을 알 수 없지만, 분명히 아는 것은 자네들이 말하고 있는 그 하나님은 참 하나님이 아니라는 것일세. 그 이유는 내가 자네들의 하나님을 받아들이려면 내가 아는 사실들을 부정해야 하기 때문이네."

욥의 친구들은, 고난에 대한 해답은 불가지론자의 입장을 받아들인 후 숙명론자가 되는 것이라고 말했다.

"하나님의 성품이 고상하고 올바른지에 대해서는 알려고 하지 말게."

그들은 하나님에 대해 비 진리를 말하는 것으로 결론을 내렸다. 우리는 그들처럼 자신의 주관적인 경험의 선상에 하나님을 묶어 놓으려 해서는 안 된다.

인생에 있어서 유일한 실체는 지적 또는 미적 실체가 아니라 도덕적인 실체이다. 지성주의에 기초한 종교는 신조만 남고 그 안에 예수 그리스도는 없다. 지적 능력이 우리를 '실체'에 접하게 하는 것은 아니다. 감정 또한 마찬가지이다. 오직 양심이 지식, 감정과 연결되면서 '실체'에 접하게 된다.

만사의 근원은 이성적이지 않다. 이성과 지식은 현실 속에서 우리를 인도하지만 그 속에서 일어나는 일들을 다 설명해 주지는 못한다. 만사의 근원은 비극이다. 그런데 지성은 이 사실을 깨닫지 못하게 하고, 인간 스스로를 우월하게 만든다. 이로 인해 나타난 범죄 중 하나가 사람의 인성을 파괴시킨 후에 남을 얕보는 거만한 방관자로 만들어 놓는 것이다.

도덕적인 사람, 즉 현실에서 올바른 일을 행하며 올바른 존재가 된 사람은, 하나님이 자신을 나타내실 때 그 누구보다 그분을 쉽게 알아볼 가능성이 높다. 그러나 교리 신봉자는 하나님이 그 교리의 선상에서 나타나지 않으시는 한 결코 그분을 알아볼 수 없다.

하나님을 실체로서 발견하는 데는 전인(the whole man), 곧 양심, 지식, 의지, 감정이 다 관련되어 있다. 자기 자신만을 위하는 사람은 아직 그의 양심이 자각되지 않은 상태이기 때문에 하나님이 필요하지 않다. 예수님은 "나는 의인을 부르러 온 것이 아니요"(마 9:13)라고 말씀하셨다. 우리는 난관에 부딪힐 때 비로소 교리나 신조가 아닌 하나님의 실체를 발견하게 된다. 완고한 인간이 변화하여 그 실체에 유순하게 되는 때는 지금까지 붙들고 온 모든 것이 그에게 대립하는 순간이다.

길들일 수 없는 우주 39-41장

"네가 내 공의를 부인하려느냐 네 의를 세우려고 나를 악하다 하겠느냐"(40:8).

욥기 39-41장까지는 우주 전체가 상징화되어 표현된다. 우주는 길들여지지 않는다. 그런데 현대 과학은 우주를 길들일 수 있다는 믿음을 우리에게 자꾸만 심어 준다. 즉, 우리가 하늘과 땅, 바다를 다스릴 수 있고 이용할 수 있다고 말한다. 설명서만 읽는다면, 모든 것이 정말로 가능할 것만 같다. 그러나 얼마 지나지 않아 우주는 인간의 머리로는 도저히 이해할 수 없다는 것을 발견하게 될 것이다. 그때 당신은 우주는 거칠며 다룰 수 없음을 확인할 수 있게 될 것이다.

하지만 태초에 하나님은 인간이 우주를 다스리도록 의도하셨다. 그런데 지금 그렇게 할 수 없는 이유는, 인간이 하나님의 질서를 망가뜨렸기 때문이다. 하나님의 통치를 인정하지 않고 자기 스스로 신이 되어 버렸기 때문이다. 그렇게 해서 인간은 다른 모든 피조물을 다스릴 수 있는 자격과 능력을 상실하게 되었다(창 3장 참조).

예수님이 이 땅에 오셨을 때, 그분은 쉽게 하늘과 땅, 바다의 생명의 주인이 되셨다. 우리는 그분을 통해 하나님이 원래 의도하셨던 질서를 보았다. 만일 당신이 구속의 바탕에서 인류가 어떻게 될지를 알고 싶다면, 예수님을 통해 비쳐지는 인간의 모습에서 발견할 수 있게 될 것이다. 즉, 하나님과 인간 사이에 벌어진 틈이 없는 완벽한 하나됨을 볼 수 있을 것이다. 그러나 그때까지는 여전히 틈이 있고 우주는 거칠며 길들여지지 않을 것이다. 미신은 우주를 다스릴 수 있다고 한다. 그러나 그것은 마치 돌팔이 과학자가 날씨를 조종할 수 있다고 선언하는 것과 같다. 하나님은 그렇게 될 수 없다고 분명하게 말씀하신다.

하나님 앞에 선 욥 40장

> "욥이 여호와께 대답하여 이르되 보소서 나는 비천하오니 무엇이라 주께 대답하리이까 손으로 내 입을 가릴 뿐이로소이다 내가 한 번 말했사온즉 다시는 더 대답하지 아니하겠나이다"(40:3-5).

예수 그리스도에 의해 주어진 하나님에 대한 계시는 신성의 근본적인 특성을 지닌 계시였다. 예수님은 이 땅에서 말로 다 표현할 수 없는 겸손과 순결함, 그리고 철저한 거룩함 등을 보이셨다. 인간이 사는 영역에서도 그분의 고결함을 입증하신 것이다. 그래서 이 땅은 하나님의 희생을 계시하고 있는 영역이다.

욥은 이를 인식하고 있었다. 그래서 미신쟁이, 교리쟁이, 신학쟁이의 말이 아닌 오직 하나님의 음성만 들어야 한다고 확신했던 것이다. 마침내 욥은 하나님 앞에서 참된 겸손 가운데 머리를 조아리고 그분의 음성을 듣고 있다.

"나는 마침내 올바른 선상에 서게 되었다!"

하나님의 음성은 우리 스스로는 도저히 발견할 수 없는 해답으로 우리를 곧바로 인도한다.

오 스 왈 드 챔 버 스 의 욥 기

CHAPTER 17

자물쇠와 열쇠

• 욥기 42:1–6

너희는 내게
의심은 사탄에게서 난 것이라 말하네
그러나 나는 모르겠네
나는 오직 한 가지만 아네

수많은 미묘한 질문들 가운데
누가 먼저 수금 소리를 내려나

질문의 답을 진정 듣고자 원한다면
믿음에 있어서는 혼동이 될지라도
그것은 순전한 행동이라네
마침내 그는 수금을 타게 된다네
정직한 의심 안에
더 깊은 믿음의 삶이 있네
신조의 반쪽보다는 나를 믿게나

그는 그의 의심과 싸워 힘을 모았네
이제 더 이상 그는 맹목적인 판단을
내리지 않을 걸세
마침내 그는 공포를 내려놓고 자기
자신의 강한 믿음을 발견하게 될 걸세

밤과 낮을 창조할 능력은 빛에만
거하는 것이 아니라
어둠과 구름 안에도 거한다네

그러나 과거 시내산 꼭대기에서
나팔이 그렇게 크게 울리는데도
이스라엘은 금으로
그들의 신을 지었다네

- 테니슨

우리는 문제의 열쇠가 될 만한 것을 취할 때마다 그것이 또 다른 자물쇠로 바뀌는 것을 경험하곤 한다. 예를 들어, 진화론이 처음 발표되었을 때, 그것은 우주의 문제를 푸는 열쇠 같았다. 하지만 결국 그 열쇠는 자물쇠로 드러났다. 원자 이론 역시 열쇠 같았지만, 원자는 전자로 구성되어 있고, 전자는 그 안에 또 다른 우주를 담고 있는 것으로 밝혀졌다. 따라서 원자 이론 역시 열쇠가 아닌 자물쇠였다. 이처럼 하나님과의 인격적인 관계를 위해서가 아닌 삶의 간소함을 위해 시도하는 모든 것은 열쇠가 아닌 자물쇠가 된다. 우리는 어떤 때에 열쇠가 자물쇠가 되는지 정신을 차리고 인식해야 한다.

욥이 처음에 붙든 신조는 하나님의 성품을 알 수 있는 열쇠처럼 보였다. 하지만 결국 그것도 자물쇠로 드러났다. 마침내 욥은 삶의 유일한 열쇠는 하나님에 대한 어떠한 신조도, 그분에 대한 어떠한 지적 개념도 아닌 오직 그분과의 인격적인 관계임을 깨달았다.

오직 하나님만이 우리의 열쇠가 되어 주신다. 만사의 근원은 오직 하나님 안에서만 발견된다. 만일 하나님을 빼고 과학적인 설명만 열쇠로 취한다면, 우리는 또 다른 자물쇠를 발견하게 될 뿐이다.

하나님을 향한 믿음의 회복 42:1-2

모든 존재의 근원

"욥이 여호와께 대답하여 이르되 주께서는 못 하실 일이 없사오며 무슨 계획이든지 못 이루실 것이 없는 줄 아오니"(42:1-2).

'회복'(rehabilitate)은 이전의 자리로 복귀하거나 원상태로 돌아가는 것을 의미한다. 욥에게 나타난 문제는, 신조의 가르침이 하나님에 대한 그의 믿음과 맞지 않다는 것이었다. 그래서 욥은 아무도 이해하지 못하는 자기 자신만의 믿음을 고집스럽게 붙든 어리석은 사람처럼 보였다. 하지만 우리는 욥기의 마지막 장에서 모든 것이 회복되는 것을 보게 된다. 욥이 하나님과 인격적인 관계를 맺는 것으로 모든 것이 원상 복귀된다. 이것이 이 전쟁의 결과가 될 것이다. 하나님을 향한 믿음이 바르게 회복될 것이다. 만사의 근원은 언제나 '인격적인 하나님'과의 '인격적인 관계'에서 발견되는 것이지 결코 생각이나 감정으로 발견되는 것이 아니다.

욥은 하나님이 자신에게 행하신 일을 이해할 순 없었지만, 그분의 성품에 대해서는 완벽하게 확신하고 있었다.

"그분이 나를 죽이실지라도 여전히 나는 그분을 신뢰할 것이다."

간혹 우리는 하나님에 대한 믿음을 사업가가 수표를 믿는 것과 같은 형식으로 잘못 설명하곤 한다. 상업적인 믿음은 계산에 기초한 것이다. 하지만 참 믿음은 어둠 속에서 과감한 모험을 하는 것이다. 우리는 자신의 경험과 믿는 바가 상충될지라도 여전히 "하나님은 선하시다"라고 믿어야 한다. 물론 고통 가운데서 그렇게 말하는 것은 쉽지 않다. 그래서 우리의 영혼은 늘 전쟁터가 된다. 우리의 싸움은 "그럼에도 불구하고 나는 하나님을 신뢰하겠습니다"라고 말하면서 하나님을 붙들 것인지에 대한 것이다.

"욥이 여호와께 대답하여 이르되…"(40:3).

이 말씀은 욥이 믿음의 결과로서 듣는 귀를 갖게 되었다는 것을 의미한다. 하나님을 향한 인간의 믿음의 바탕은 '하나님은 모든 존재의 근원이시며 붙드시는 분'이라는 것이다. 욥은 이를 인식했고 마침내 모든 것이 설명될 것을 믿었다.

그렇다면 당신은 이런 믿음을 가지고 있는가? 이것은 원칙에 대한 믿음이 아니다. 당신은 참으로 하나님은 공의로우시며 참되시다는 것을 믿는가? 많은 사람들이 하나님이 아닌 그분이 자신들을 위해 행하신 일들을 믿는다. 그래서 무슨 일이 생기면 금방 "왜 이런 일이 나한테 생기지?", "왜 전쟁이 일어났지?", "왜 나는 병들어야 하지?", "왜 내 친구가 죽어야 하지?"라고 하다가 결국에는 "나는 하나님을 믿는 내 신앙을 포기하련다"라고 말해버린다.

진리를 깨달음 42:3

삶과 인격으로 진리에 닿음

"무지한 말로 이치를 가리는 자가 누구니이까 나는 깨닫지도 못한 일을 말했고 스스로 알 수도 없고 헤아리기도 어려운 일을 말했나이다"(42:3).

'기독교 체험'과 '기독교 믿음'은 아주 다르다. 체험의 위험은, 우리의 믿음이 체험의 자리에 머무는 것에 있다. 체험은 단지 하나님에게로 나아가게 하는 통로일 뿐이다. 안타깝게도 많은 사람들이 참 신앙의 근원이 무엇인지에 대해 고민하지 않는다. 그 이유는 기독교가 얄팍한 방법으로 신앙에 대해 정의내렸기 때문이다. 우리는 '삶'과 '인격'으로 진리에 닿는 것이지 논리나 과학적인 서술로 진리를 발견하는 것이 아니다.

> "나는 깨닫지도 못한 일을 말했고 스스로 알 수도 없고 헤아리기도 어려운 일을 말했나이다"(42:3).

욥은 참되지 않은 것을 거절하는 동시에 그의 이해를 넘어서는 일들에 대해서도 고백했다. 이것이 바로 하나님과 온전한 관계에 있을 때, 하나님이 우리를 사용하시는 방법이다. 하나님은 우리의 일상 생활을 통해 주의 임재 안에 있게 하신다. 우리의 삶과 인격이 실제이듯 우리 주님도 친히 똑같은 방법으로 실제가 되어 주신다. 다시 한 번 말하지만, 우리가 '진리'에 접하는 유일한 방법은 삶과 인격에 의해서이다.

절망적인 상황을 만날 때 그 상황을 논리적으로 풀어보려는 시도는 아무 소용이 없다. 하지만 하나님께 순종하면 길이 열린다. 진리는 지적이지 않고 도덕적이다. 우리는 생각을 깊게 함으로써 '진리'를 인식하는 것이 아니라 바른 일을 행함으로써 인식하는 것이다.

"사람이 하나님의 뜻을 행하려 하면 이 교훈이 하나님께로부터 왔는지 내가 스스로 말함인지 알리라"(요 7:17).

사람은 머리로 진리에 다가가려고 시도하지만, 이는 태어나기도 전에 "어떻게 살까를 미리 생각해놔야 한다"고 말하는 것과 같다.

"예수께서 대답하여 이르시되 진실로 진실로 네게 이르노니 사람이 거듭나지 아니하면 하나님의 나라를 볼 수 없느니라"(요 3:3).

하나님 나라를 보길 원한다면 거듭나야 한다. 그러면 '진리'란 신조나 어떤 논리적인 서술에 있지 않고 '삶'과 '인격'에 있다는 사실을 발견하게 될 것이다. 욥이 깨달은 것이 바로 이것이었다.

철학의 기반 42:4

십자가의 구속

"내가 말하겠사오니 주는 들으시고 내가 주께 묻겠사오니 주여 내게 알게 하옵소서"(42:4).

우리는 하나님을 우리의 '철학 시스템' 안으로 끌어들여서는 안 된다. 오직 하나님을 기반으로 하여 우리의 철학을 세워야 한다. 모든 변치 않는 근원과 지지는 하나님과의 인격적인 관계에 있다. 만일 우리의 철학을 이성 위에 세운다면, 우리는 잘못된 철학을 만들게 될 것이다. 그러나 우리의 철학을 하나님을 향한 믿음 위에 세운다면, 삶을 올바르게 해석할 수 있게 될 것이다. 현실의 조건들이 모두 철학의 고려 대상이 될 수 있으나 그 기반에는 언제나 구속(Redemption)이 놓여 있음을 명심하라.

죄는 인간이 풀 수 있는 문제가 아니라 오직 하나님만이 푸실 수 있는 문제이다. 하나님은 그 문제를 친히 담당하여 풀어내셨다. 그 증거가 바로 십자가이다. 구속의 바탕 위에서 우리는 죄로 더러워진 옷을 "어린양의 피로 희게" 해야 한다. 그런데 많은 사람들이 구속을 잘못 알고 있다.

"하나님이 나를 구원하셨으니 이제 난 아무것도 할 필요가 없어."

아니다. 우리는 날마다 그리스도의 보혈로 자신을 깨끗하게 하고 순종하는 삶을 살아야 한다. 기독교에서 가장 근본적인 진리는 "죄로 더러워진 옷을 어린양의 보혈로 씻어 깨끗하게 할 수 있다"는 것이다. 이것이 현실에서 체험되는 구속의 해석이다. 당신 역시 이렇게 믿고 있는가? 혹시 십자가 없이 구원받았다고 믿고 있지는 않은가?

참된 회개 42:5-6

회개에 합당한 열매

"내가 주께 대하여 귀로 듣기만 했사오나 이제는 눈으로 주를 뵈옵나이다 그러므로 내가 스스로 거두어들이고 티끌과 재 가운데에서 회개하나이다"(42:5-6).

누군가의 삶이 변화되었다고 해서 그가 회개했다고 말할 수 있는가? 악한 사람이 선한 사람이 되었다고 해서 그가 그리스도인이 되었다고 말할 수 있는가? 아니다. 누구든지 회개 없이 완전히 변화된 모습을 보여줄 수 있다. 기독교의 기반은 회개이다. 사도 바울은 과거에 자신이 어떤 사람이었는지 결코 잊어버리지 않았다(고전 15:9 ; 엡 3:8 ; 딤전 1:13-15 참조). 그가 고백한 "뒤에 있는 것은 잊어버리고"(빌 3:13)라는 말은 그의 부끄러운 과거가 아닌 업적을 가리키는 것이다.

회개는 내가 하나님의 눈에 어떤 존재인지 정확하게 평가한 후, 구속의 바탕 위에서 가슴을 치며 돌이키는 것이다. 참으로 회개한 사람은 거룩한 사람이다. 하지만 우리는 스스로 거룩해질 수 없다. 만일 누군가가 거룩해졌다면 이는 하나님께서 뭔가를 그에게 '실어 나르신' 것이다. 그러면 그는 이제 "성령을 따라 살며" "회개에 합당한 열매"를 맺기 시작한다.

구원의 계획에 대하여 해박하고 천사처럼 말하는 사람이 있을지라도 그는 참 그리스도인이 아닐 수 있다(마 7:21-22 참조). 우리의 신앙은 "나는 내가 가르치는 것보다 더 나은 삶을 살아가는가"로 점검되어야 한다. 만일 누군가의 삶이 예수님과 닮았다면, 그는 틀림없이 회개한 자일 것이다. 예수 그리스도의 성품이 우리 안에 심겨지면 그것은 삶을 통해 자연스럽게 드러나게 되어 있다. 그때는 자신의 거룩함을 자랑하게 될까 봐 걱정할 필요도 없다. 욥은 겸손히 "이제는 눈으로 주를 뵈옵나이다"(42:5)라고 고백했다.

> "그러므로 내가 스스로 거두어들이고 티끌과 재 가운데에서 회개하나이다"(42:6).

즉, "나는 나 자신을 혐오하며 티끌과 재 가운데서 회개합니다"라는 뜻이다. 예수 그리스도를 나의 왕으로 모신다는 것은, 이제는 내가 과거에 만들어 놓은 규칙들에 강력하게 반항하겠다는 것을 의미한다. 이제는 예수님의 성품으로 성령님의 인도하심을 따라 산다는 것을 의미한다. 기억하라! 예수님의 성품은 회개를 통해서만 내 안에 들어올 수 있다.

CHAPTER 18

고난의 선물

• 욥기 42:7–17

낮은 자는 자신이 할 수 있는 작은 일들을 구하며
그것을 찾아 행한다
반면 높은 자는 큰일들을 추구하다가
죽음 직전에야 진정 큰일이 무엇인지 깨닫는다

낮은 자는 하나에 하나를 계속 더하여
어느새 백 개를 만들어 낸다
반면 높은 자는 수억을 목표로 나아가지만
언제나 큰 것을 잃는다
다음 세상을 필요로 해야 하는데 여기 세상을 붙든다
오직 이 세상이 전부이다

그러나 하나님께 자신을 던진 사람은
평강 가운데서 구한 것을 다 얻을 것이다

– 로버트 브라우닝

욥은 어떤 상황에서도 하나님을 향한 자신의 믿음을 유지했다. 그리고 하나님에 대한 친구들의 말에 수긍하지 않고, 자신의 믿음을 선포했다.

"친구들이여, 나도 왜 내가 고통을 당하는지 모른다네. 그러나 지금 자네들의 설명은 나를 하나도 만족시키지 못하고 있네. 하나님이 나를 죽이신다 할지라도 나는 이것 하나만은 붙들겠네. 하나님은 사랑이시며 공의로우시다는 것 말일세. 나는 그분을 기다리겠네. 언젠가 내 믿음이 옳다는 것이 입증될 걸세."

이것이 바로 욥의 믿음이 도달한 가장 높은 경지였다. 이제 하나님은 친구들을 다루기 시작하신다.

영원한 실체와의 만남 42:7

> "여호와께서 욥에게 이 말씀을 하신 후에 여호와께서 데만 사람 엘리바스에게 이르시되 내가 너와 네 두 친구에게 노하나니 이는 너희가 나를 가리켜 말한 것이 내 종 욥의 말 같이 옳지 못함이니라" (42:7).

종교적인 교사로서 고자세로 살아가는 사람들은 언젠가, 아니 조만간 '영원한 실체'를 직면하게 된다. 바로 욥의 친구들이 그랬다. 그들은 자신들이 하나님을 잘 안다고 말하면서 욥을 비난했다. 하지만 하나님은 그들을 향해 "이는 너희가 나를 가리켜 말한 것이 내 종 욥의 말 같이 옳지 못함이니라"(42:7)라고 말씀하셨다.

어쩌면 당신도 욥의 거친 항변을 읽으면서 그를 정죄했거나 비판했을 수 있다. 원래 거친 말을 하는 사람이 더 나빠 보이기 때문이다. 그러나 그는 그 누구보다도 참되게 하나님에 대해 말했다. 만약 당신도 그를 정죄했다면 여기서 부끄러움을 느껴야 한다.

마침내 '영원한 실체'가 등장하면, 더 이상 폼 재는 것도 종교적인 수작을 부리는 것도 소용없게 된다. 하나님은 엘리바스와 다른 친구들을 통렬하게 책망하셨는데, 이는 그들이 거짓을 말했기 때문이 아니라 (그들은 언제나 논리적으로 맞는 말을 했다) 하나님에 대해 그릇되게 말했기 때문이다. 기독교의 본질은 진리를 말하는 것, 선한 양심으로 사는 것, 원칙을 고수하는 것 등이 아니다. 이런 것들과는 전혀 다른 것이다. 기독교는 예수 그리스도께 끝까지, 그리고 완벽하게 굴복하는 것이다.

만일 하나님의 실체가 진실한 사람에게 재앙이라면, 종교적인 교사에게는 그보다 열 배나 더한 재앙이 될 것이 틀림없다. 종교적인 교사는 사람들에게 "나는 당신이 왜 고난을 당하는지 말해 줄 수 있다", "나는 왜 하나님이 이 전쟁을 허락하셨는지 알려 줄 수 있다", "지금 하나님이 대영제국에 무슨 일을 하고 계시는지 말해 줄 수 있다"라고 자신 있게 말한다. 그러나 그들이 영원한 실체를 만난다면 "너는 나에 대해 옳게 말하지 않았다"라는 질타를 받게 될 것이다. 또한 그때 내릴 재앙은 분명히 끔찍할 것이다(요 15:2-6 참조). 엘리바스는 추상적으로 진리를 말하기는 했지만, 줄곧 하나님을 왜곡했다. 우리 하나님은 추상적인 진리가 아니시다. 그분은 '영원한 실체'이시다. 따라서 우리는 오직 인격적인 관계를 통해서만 그분을 알아볼 수 있다.

만약 '영원한 실체'와 만날 때 반항하거나 절망한다면 그것은 참으로 위험한 일이다. 하나님께 책망 받을 때, 욥의 친구들은 바른 태도를 취함으로써 절망에 빠지지 않을 수 있었다. '영원한 실체'를 만나 뼈아픈 채찍을 맞게 될 때, 그때가 나 자신을 잊고 하나님을 바로 뵐 수 있는 기회가 되도록 하라.

편견을 수술함 42:8

> "그런즉 너희는 수소 일곱과 숫양 일곱을 가지고 내 종 욥에게 가서 너희를 위하여 번제를 드리라 내 종 욥이 너희를 위하여 기도할 것인즉 내가 그를 기쁘게 받으리니"(42:8).

우리는 자기 자신의 편견의 선상에서 사물을 바라본다. 그리고 그 편견은 사람마다 다르고, 어떤 특별한 사건이 발생하지 않는 한 잘 바뀌지 않는다. 그래서 편견을 '수술'하는 사건들을 만날 때 대단히 고통스럽다. 그러나 하나님에 대한 왜곡된 인간의 편견을 뿌리 채 뽑을 수 있는 좋은 기회임은 분명하다.

편견은 증거가 충분하지 않은 상태에서 다른 모든 가능성을 배제하고 내리는 경솔한 판단이다. 우리 중 그 누구도 편견에서 자유로울 수 없지만, 만약 당신이 편견이 아주 강한 사람이라면 분명 그 편견에서 나오게 만들어 주는 수술을 곧 받게 될 것이다. 이제라도 하나님에 대한 편견을 갖지 않도록 주의하라. 그분에 대해 편견을 갖고 말하는 것은 정말 위험하다.

욥의 친구들은 이 수술로 인해 편견에서 빠져나올 수 있다. 그들은 지금까지 계속 욥에게 "자네는 아주 악하다네. 우리는 그것을 충분히 입증할 수 있고, 하나님이 자네를 죽이지 않고 계신다는 게 신기할 뿐이라네"라고 말해왔다. 하지만 수술 후 그들은 지독한 수치 가운데 무릎을 꿇었다. 하나님은 그들에게 "내 종 욥에게 가라. 그가 너희를 위하여 기도할 것이다"(42:8), "가서 이 문제를 마무리하여라. 그렇지 않으면 너희는 결단코 내게 올 수 없다"라고 말씀하셨다. 이때 욥이 친구들이 느꼈을 부끄러움을 생각해 보라!

> "너희가 우매한 만큼 너희에게 갚지 아니하리라 이는 너희가 나를 가리켜 말한 것이 내 종 욥의 말 같이 옳지 못함이라"(42:8).

하나님에 대해 '옳은 것'을 말한다는 것은 무엇인가? 나는 하나님을 만나 뵌 적이 없다. 그런데 누군가가 내게 "하나님은 전지전능하시고 무소부재하시다"라고 말한다고 가정해 보자. 그때 그의 말은 내게 아무런 의미가 없다. 나는 이론에 대해서는 조금도 관심이 없기 때문이다. 하나님에 대해 옳게 말하려면 반드시 '그분과 인격적인 관계' 가운데 살아가야 한다.

하나님은 바른 말을 하면서 그분을 왜곡하고, '진리의 저자'에 대해 거짓을 말한 그들을 통렬하게 책망하셨다. 만약 당신도 바른 말을 하면서 그렇게 살지 않는다면, 하나님에 대해 비 진리를 말하는 것이다. 이것이 기독교의 심각한 문제 중 하나이다(롬 2:17-23 참조). 그러면 어떤 사람은 "어떻게 진리를 삶 속에 가져와 살아갈 수 있나요?"라고 묻을 것이다. 산상수훈은 우리에게 탐욕과 원망 같은 악한 성향을 가지면 안 된다고 말한다. 그렇다면 이제 우리는 어디서부터 시작해야 하겠는가?

진리로 살아가는 삶은 예수님이 자신의 유전 형질을 우리에게 넣어 주지 않으시면 절대로 불가능하다. 하지만 예수님이 바로 그 일을 우리에게 행하셨고 지금도 행하고 계신다. 그분은 거듭난 사람을 그의 가르침대로 살아가게 하신다. 즉, 그분의 유전 형질을 그의 안에 넣으신다는 뜻이다. 성령 세례는 사도들의 교훈에 뭔가를 추가하는 것이 아니라 그들이 가르쳐 준 그대로 살아가게 만드는 것이다(행 1:8 참조).

회개의 성찬 42:9

"이에 데만 사람 엘리바스와 수아 사람 빌닷과 나아마 사람 소발이 가서 여호와께서 자기들에게 명령하신 대로 행하니라 여호와께서 욥을 기쁘게 받으셨더라"(42:9).

욥의 친구들은 수치를 감당하며 하나님 앞에 회개했다. 엄밀히 말하면, 회개는 하나님의 선물이다. 그 누구도 스스로 택하여 회개할 수 없다. 단, 스스로 택하여 후회는 할 수 있다. 하지만 후회와 회개는 다르다. 회개는 내 그릇됨에 대한 정반대의 존재가 되어서 슬퍼하는 것을 의미한다. 과거 청교도인들은 '눈물의 은사'를 구하는 기도를 드리곤 했다.

사람에게는 마음을 완고하게 하여 하나님의 가장 위대한 선물을 거부할 수 있는 능력이 있다. 예를 들어 설명해 보자. 얼음덩어리를 부수려면 망치를 가져와 때리면 된다. 다만 그렇게 하면 또 다른 수많은 얼음 조각들이 만들어 진다. 그러나 그 얼음덩어리를 태양 아래 놓아두면 곧 스르르 녹아서 사라진다. 이것이 바로 그릇된 것들에 대한 인간의 해결 방법과 하나님의 해결 방법의 차이이다. 인간의 해결 방법은 그릇된 것을 가루로 만들어 또다시 수많은 그릇된 것들을 만들어 낸다. 그러나 하나님이 다루시면 그것은 회개가 되어 하나님께로 온전히 돌아오게 된다.

욥의 친구들은 "싫습니다. 저희는 욥에게 가지 않을 겁니다"라고 말하지 않았다. 그들은 하나님 앞에서 더 이상 자신들을 합리화시키지 않고 무조건 순종했다. 그렇게 행함으로써 그들은 하나님을 알 수 있는 유일한 기회를 붙든 것이다.

중보의 능력 42:10

"욥이 그의 친구들을 위하여 기도할 때 여호와께서 욥의 곤경을 돌이키시고"(42:10).

당신에게 아직 '그 때'가 이르지 않았는가? 만약 당신이 욥의 입장에 있고 당신을 사로잡고 있던 문제들이 제거되었다면, 욥이 그의 친구들을 위해 기도할 때 하나님께서 그들을 자유케 하셨다는 것을 기억하라. 그러니 이제 당신의 친구들을 위해 기도하라. 하나님은 그 '포로자들' 역시 변화시켜 주실 것이다. 당신이 그들을 위해 기도할 때 그들에게 자유가 임할 것이다.

이는 단순한 반응이 아니라 하나님께서 역사하시는 방법이다. 이는 성경 공부하는 시간을 더 갖는 문제가 아니라 날마다 삶에서 자발적으로 중보하는 문제이다. 이렇게 할 때 우리는 자유가 임하는 것을 보게 될 것이다. 일터에 가서도 기도하라. 하나님이 동료들의 삶에 간섭하실 것이다.

하나님은 구속을 그리스도인의 삶의 기반으로 삼으셨다. 우리가 그 기반을 의지하여 기도할 때 하나님의 영예는 기도의 응답과 맞물리게 될 것이다.

고통을 이겨낸 자 42:10-17

"여호와께서 욥에게 이전 모든 소유보다 갑절이나 주신지라"(42:10).

욥의 '내면의 역사'를 모르는 자들이 볼 때는 그가 고난 당하기 전이나 후가 똑같아 보일 것이다. 이것이 '현실의 위장'이다. 그러나 고난을 통과한 사람에게는 언제나 큰 변화가 있다. 특별히 인간관계가 모든 면에서 넓어진다. 또한 마음이 넓어지고 자유하며 관용을 더 많이 베풀고 나그네들을 대접한다.

인생을 자유롭게 하는 가장 중요한 요소 가운데 하나가 '슬픔'이다. 이 전쟁이 끝나면 많은 사람들이 전보다 나은 인간관계를 맺게 될 것이다. 그들은 서로가 전처럼 낯설지 않을 것이다. "나는 사람을 잘 안다"는 자만도 완전히 사라지게 될 것이다.

모든 삶에는 오직 하나님만이 아시는 사건들이 있다. 그러기에 인간은 어떠한 유형을 따라 그대로 살지 못한다. 그럼에도 불구하고 인간은 유형을 따라 살려고 하는데, 여러 유형 중에서 절대로 취하지 말아야 할 것이 바로 종교적 유형이다. 어떠한 종교적 유형에 집착하게 되면, 욥의 친구들처럼 '영원한 실체'를 만나기 전까지는 그 유형에서 빠져나올 수 없기 때문이다.

엘리바스와 그의 친구들은 누군가가 그들의 종교적인 신조가 가르치는 특별한 '쉽볼렛'(사사 입다가 에브라임 사람들을 가려내어 죽이려고 사용했던 특이한 발음의 단어이다. 에브라임 사람들은 쉽볼렛을 발음하지 못하고 십볼렛이라고 말하였다. 삿 12:6-역주) 방언을 하지 못하면 그는 구원 받지 못했다고 여겼다. "나는 사람을 잘 안다"는 자만을 제거하는 유일한 방법은 수술 사건, 곧 하나님의 영원한 실체를 경험하는 것뿐이다. 지금까지 수술 사건은 전쟁과 같은 대재앙을 통해 나타나곤 했다. 그러한 때는 삶에서 위선과 가식을 떨 여유가 없다.

> "이에 그의 모든 형제와 자매와 이전에 알던 이들이 다 와서 그의 집에서 그와 함께 음식을 먹고 여호와께서 그에게 내리신 모든 재앙에 관하여 그를 위하여 슬퍼하며 위로하고"(42:11).

고난 후에 욥의 삶은 전보다 더 숭고해졌다. 베드로 사도는 그의 서신에서 "고난에 참여하는 것으로 즐거워하라"고 했다(벧전 4:12-19 참조). 아직 고난을 경험하지 못한 사람은 누군가가 자신에게 동조하지 않을 때 그를 모욕하고 사막의 모래보다 많은 무관심을 나타낼 것이다. 하지만 고난을 겪고 승리한 자들은 자기 자신의 슬픔에 사로잡히지 않고 다른 사람들을 위한 '찢겨진 빵과 부어지는 포도주'(broken bread and poured-out wine, 주님의 찢겨진 살과 쏟으신 피를 의미함)가 될 것이다. 당신은 고통을 이겨낸 자들에 대해서는 언제나 확신할 수 있을 것이다. 그러나 그렇지 않은 자에 대해서는 결코 확신할 수 없을 것이다.

> "각각 케쉬타 하나씩과 금 고리 하나씩을 주었더라"(42:11).

욥의 친구들과 형제들이 그에게 선물을 가져왔다. 이는 그들의 마음이 부드러워졌다는 표시이다. 욥 역시 그 선물을 다 받았다. 사실 우리는 받는 것을 어려워하고 주는 것을 더 선호한다. 욥도 전에는 그랬을 것이다. 그러나 이제 욥은 그의 친구들이 가져온 모든 것을 받고 있다. 그렇게 할 수 있을 만큼 그의 마음이 커졌기 때문이다.

> "여호와께서 욥의 말년에 욥에게 처음보다 더 복을 주시니…" (42:12).

허망한 길에서 돌아서다

오십이 넘어서야 내 좁은 마음과 시야가 조금씩 넓어지는 것을 본다. 그리고 이런 와중에 내가 존경하는 오스왈드 챔버스의 욥기를 번역할 기회를 얻게 되었다. 욥의 친구들은 흔히 보수주의(保守主義)와 교조주의(敎條主義)에 물든 자들의 전형적인 모습을 보여 준다. 그런데 나는 그들의 모습에서 나를 선명하게 보았다.

번역을 마치면서 나 역시 욥의 친구들과 함께 회개의 자리에 앉는다. 오직 예수 그리스도만을 의지하고 사랑하며 그분을 통한 하나님의 성품을 신뢰하기로 결심한다. 이는 진리되신 예수 그리스도를 부인하는 모든 것에 대해 결코 관용할 수 없음을 의미한다.

너무나도 짧은 인생인데 논쟁과 미움 속에 사는 자들이 의외로 참 많다. 그런데 그 논쟁의 내용과 미움의 이유를 살펴보면 결국 교만에서 나오는 자가당착인 것을 쉽게 발견할 수 있다. 그러기에 나를 잊고 그리스도에게 붙들리는 것만이 욥의 친구들이 걸었던 허망한 길을 걷지 않을 수 있는 비결이다.

「오스왈드 챔버스의 욥기」를 번역할 기회를 준 도서출판 토기장이에 진심 어린 감사의 인사를 전한다. 주님의 은혜와 사랑이 토기장이와 이 책을 읽는 모든 독자에게 임하기를 바란다.

스데반 황

오스왈드 챔버스의 욥기

1판 1쇄 2015년 9월 30일
1판 6쇄 2025년 2월 25일

지은이 오스왈드 챔버스
옮긴이 스데반 황
발행인 조애신
편집 이소연
디자인 임은미
마케팅 전필영
경영지원 전두표

발행처 도서출판 토기장이
주소 서울시 마포구 동교로 71-1 2F
출판등록 1998년 5월 29일 제1998-000070호
전화 02-3143-0400
팩스 0505-300-0646
이메일 tletter77@naver.com
인스타그램 togijangi_books_

ISBN 978-89-7782-336-5

도서출판 토기장이는 생명 있는 책만 만듭니다.
"우리는 진흙이요 주는 토기장이시니 우리는 다 주의 손으로 지으신 것이니이다" (이사야 64:8)